フォトンベルト
地球第七周期の終わり

福元ヨリ子◎著
福元佑《ゆ》弥《み》◎編

たま出版

プロローグ

皇室に隠されている「宇宙の真理」

女系天皇制の問題からはじまり、皇室典範の改正に至るまで、皇室の話題が引きも切らず取り沙汰されています。しかし、ほとんどの日本人が「日本の皇室の真髄」について知りません。なぜ、日本の皇室が世界で一番古いのか、なぜ、万世一系の天皇制が存続しているのか、自国にあってさえ、その意味を深く理解していない人がほとんどでしょう。

日本の皇室の本当の歴史や系図は、いまだはっきりと明らかになっていないのが現状です。時代の流れとともに様々なことが解明され、情報が人類に開かれているなかにあって、日本の皇室の情報は、開かれているようで開かれていませんいむしろ、世界でもっとも秘密のベールに包まれ謎めいている、知られざる世界といえます。

日本の皇室が秘密のベールに覆われているのは、地球人類にとってきわめて重要な「宇宙の真理」がそこに隠されているからです。しかし、時が満ちるまで、その封印は決して人類に解かれることはありませんでした。日本の皇室とは、日本という一国家、一民族という狭義な意味での皇室ではありません。日本の皇室はすなわち世界の皇室であり、人類の起点、文明の起点であり、広義な意味を持っているのです。

そこに隠された真髄を知ることによって、既存の古い伝統や教義や信仰が覆《くつがえ》され、今まで妨《さまた》げられていた人類の意識の進化が進み、やがて地球人類は、愛と光に満ちた「新しい時代」を迎えることでしょう。

失われた「精神文明」

この地球が創生されたころは、地球の「黄金時代」と呼ばれ、人類は、地球人類を創生した創造主とつながっていて、現在の私たちよりもはるかに高度に進化した文明を謳歌していました。

そのころの地球人類は、人間の本能のまま、自分の幸せや喜びのためだけに生きている存在ではありませんでした。創造主や、世の中や、人々の幸福のために生きていくことが宇宙の永遠の命題であり、壮大なテーマである「宇宙の永遠の進化」に貢献することになるということを、「黄金時代」の地球人類は充分に理解していたのです。

「黄金時代」の地球は愛と平和の光に包まれ、人類は愛と慈悲の心を持っていて、健康で、幸福で、長寿でした。また、彼らは高度文明を謳歌しているだけでなく、現在の人類よりはるかに意識が覚醒され、高度な意識レベルを持っていました。そして、創造主と一体化し、宇宙の法則にそった宇宙的（コズミック）な、広い視野を持った生き方をしていました。

「宇宙の法則」とは、創造主によって宇宙が創生されて以来、原子の粒子から始まるミクロの世界から宇宙のマクロの世界まで、一分の狂いもなく宇宙万物にはたらいている法則、創造主によってつくられた「聖なる法則」です。宇宙の法則は普遍であり、決して人類が破壊することはできません。宇宙万物は、宇宙の法則に従って進化しているので、人類が宇宙の法則に従わない生き方をしていくと、因果律（事が起きるには原因があり、原因がなくては何事も起こらないという法則性）によって、破壊的で不幸な結果が生じるのです。

地球創生時の人類は、現在の人類よりも意識レベルが高く、創造的で建設的な意識を持っていたため、その生き方の中には、創造主の愛と光（叡智）の特性が完璧なまでに顕現されていたに違いありません。

しかし、人類は、時が経つとともに次第に創造主から離れていき、創造主に生命の息を与えられ生かされているのではなく、自分の力で生きているのだと考えるようになっていきました。そして、自分の幸福や喜びのためにだけ生きるという利己的な考えに陥り、次第に同胞への愛を失っていきました。その結果、物質偏重主義を生み、人類は心のバランスを崩して、目に見えない精神世界を信じなくなってしまったのです。

この地上におけるお金や物質は、いつかは必ず消えてなくなります。人類の心があまりにもお金や物質ばかりにのみ囚《とら》われてしまい、人類の本当の生きる目的である「意識を高める」こと、つまり精神世界を理解し、究めることを忘れ去ってしまった結果、創造主から離れ、エゴイズム（利己主義、自己中心）に陥り、心のバランスを失ってしまったのです。

人類は、そうやって今までに6回も文明を興しては亡ぼすことをくり返して来ました。

人間は、肉体、意識、魂の三つから成り立っています。肉体は死を迎えることによって消滅する、有限なものです。しかし、意識と魂は永遠の生命《いのち》を持っていて、無限であり、永遠に進化していきます。意識に刻まれた記憶は同時に魂に刻まれ、魂に刻まれた記憶は永遠に消えることなく、進化のために転生をくり返すのです。

ところが、人類は目に見える物質世界にだけ意識を埋没させ、その魂までもが創造主を離れ、自分のためだけに生きてしまいました。そうなると、人類に内在する意識や魂の世界のことが理解できません。このような状態、物質世界の足かせによってがんじがらめになった有限の心では、宇宙の真理の世界を知ることは決してできないのです。

物質文明に浸りきった人類の欲や恐怖や不安、憎悪などから発する悪想念や破壊的な感情、閉鎖的で間違った信仰や伝統や古い教義や慣習などによって、集団的な人類の意識のバイブレーション、つまり一つのまとまった破壊的想念が生じます。その破壊的想念が地球上のすべての物質に作用し、物質に存在する磁気的力である宇宙エネルギーを乱し、この地球上に、天変地異やあらゆる災難を引き起こすのです。よく、罰が当たったとか神様が罰を与えたなどと言いますが、創造主は、決して人類に罰を与えません。地球上に現象としてあらわれるすべてのことは、人類の意識、想念がつくりだしたものなのです。

人類は、現在に至るまで、性懲《しょうこ》りもなく6回も文明の興亡をくり返してきました。そのどれもが、人類の意識の進化が非常に遅れていたこと、創造主を離れてしまった人類が心のバランスを喪失してしまったこと、そして人類のエゴイズムな生き方が原因となって、その結果、必然的に生み出された文明の崩壊現象だったのです。

隠蔽《いんぺい》された「宇宙の真理」

今までの高度文明の興亡の事実も、死後の世界が存在する事実も、人類の生きる目的も、他の惑星に人類が存在する事実も、すべて今まで完璧に人類に隠《いん》蔽《ぺい》されてきました。

かつて地球に高度文明が存在していたという事実は、ピラミッドなど、世界の文化遺産にはっきりと示されています。古文書や記録文書などの様々な書物にも「宇宙の真理」が書き記され、世界各国に遺されています。ですが、これらは意図的に意味を改竄《かいざん》されたり焚書《ふんしょ》されたりして、「宇宙の真理」は隠蔽されてきました。

しかし、非常に重要な「宇宙の真理」を後世の人類に伝えるために、実は象徴的意味と記号によって秘密のうちに遺されていたのです。しかも、それらは様々な書物が編纂された時よりも、はるかに太古から人類に遺されていたのです。

21世紀は「宇宙文明」が開幕する時代

21世紀は「創造主到来」の時代であり、いよいよ「宇宙文明」が開幕する時代です。人類は、地球創生時の「黄金時代」へと再び戻ろうとしています。

そのカギを握るのが、フォトンベルトです。地球がフォトンベルトへ近づくにつれて、地球人類の意識の次元が三次元から五次元へと上昇していきます。つまり、人類の意識レベルが高められるわけです。

フォトンベルトに地球が入るということは、具体的に言えば、人類の身体《からだ》と精神が大きく変容し、次元アップすることです。ですから、その変容に適応できるだけの意識の進化覚醒、および変革が必然的に人類に要求されることになります。

しかし、フォトンベルトに入ったからといって、すべての地球人類の意識が自動的に次元アップできるということではありません。

２００６年から、国際情勢の著しい変化や、世界規模での天変地異や大惨事などを通して、今までの既成の価値観や概念が大きく変わっていきます。それに応じて、意識を進化覚醒させ、変革するためには、人類一人ひとりが宇宙万物を創造した創造主を知り、「宇宙の真理」を知らなければなりません。そうでなければ、真の意識の進化覚醒、変革は絶対にできないでしょう。

今後、自らの意識の進化覚醒、変革をなしとげることができない人類は、フォトンベルトに入れず、宇宙の進化の道から大きく外れてしまいます。その魂は、やがて破滅への道を歩むことになるでしょう。フォトンベルトとは、言うなれば「地球人類の意識の進化覚醒」のために、創造主が人類に与えた偉大なるシステムであり、人類の意識がレベルアップするための最後のチャンスでもあるのです。

人類が一日も早く自らの意識を高めていかない限り、紛争や天変地異や生態系の変化、災難や大惨事などはおさまらず、聖書に記された黙示録の預言どおりになっていきます。このままでは、人類のおよそ三分の二が死ぬという事態は避けられません。

では、意識を高めるためには、どうしたらいいのでしょうか。

その方法は一つです。先に述べたように、太古より人類に遺された、象徴的意味と記号を理解することです。それらを理解することによって、「宇宙の真理」の封印の紐が解かれるのです。

なお、本書の執筆にあたっては、「宇宙からの警告」(たま出版)より、たくさんのインスピレーションをいただいたことを付記しておきます。

フォトンベルト～地球第七周期の終わり◇目次

プロローグ 1
第1章 今明かされる「宇宙の真理」 15
第2章 天皇は創造主の象徴 25
第3章 日本の皇室はカインの子孫 37
第4章 宇宙と人類の成り立ち 47
第5章 人類意識の進化覚醒 61
第6章 大艱難辛苦の時代へ 73

第7章　因縁を背負い続ける偽《にせ》のユダヤ人　113
第8章　ＵＦＯの存在と目的　127
第9章　あらゆる文明の源流は日本にある　143
第10章　書き換えられた古代日本の歴史　157
第11章　皇室の紋章が語る「宇宙の真理」　175
第12章　今、日本の秘密の封印が解かれる　191
第13章　超古代文明の発祥地は鹿児島だった　205
エピローグ　233

第1章

今明かされる「宇宙の真理」

ピラミッドは宇宙の超古代文明の象徴

エジプトのナイル川流域の「ナイル・デルタ」という、かつて肥沃だったデルタ地帯のすぐそばには、たくさんのピラミッドが存在しています。その中のギザの大ピラミッドは、第四王朝時代、首都メンフィスにクフ王の墳墓として建造されたと言われています。

しかし実際には、ギザの大ピラミッドは王の墳墓ではなく、ましてや第四王朝時代につくられたものでもありません。

というのも、「巨大ピラミッド」の基礎部分に含まれる貝殻の生息年数を調べたところ、「ノアの洪水」以前の年代のものが含まれていたからです。このことから、このピラミッドが「ノアの洪水」以前、つまり第四王朝以前に建造されていたことがわかります。

ピラミッドは、あらゆる超高度文明の、天文的、科学的、物理的知識の集大

成です。超古代の人類が、いかに高度な意識レベルを持ち、いかに高度な知恵を兼ね備えていたかということを表わしており、これは、いわば「超高度文明の記念碑」ともいえるものです。

エジプトのピラミッドは、この地に文明が発祥するよりはるか太古の昔、およそ紀元前24000年頃から宇宙の超高度文明が存在していたことを示しています。人類の文明の発祥は、古代オリエント文明（オリエントとは〝太陽の昇る地〟のこと。エジプトをはじめ、イラン、メソポタミア、小アジア、シリア、パレスチナ地方に隆盛した文明）であるとされていますが、実際にはそれよりもずっと以前に、レムリア、ムー、アトランティスなどのいくつもの超高度文明が地球に隆盛していたのです。

この事実は、今まで地球人類に隠蔽されていました。しかし、よくよくその意味をくみ取れば、世界の文化遺産、遺跡、遺物は、後世の人類に伝えるべきものとしての情報、人類が創造主を中心とした、一つの宇宙の超高度文明のも

とに生きていたということがわかります。

ちなみに、ピラミッドなどのこうした遺物は、一般に「オーパーツ(ooparts)」と呼ばれていますが、その言葉の語源は「Out-of-place-artifacts」で、「場違いな事物」という意味です。つまり、その時代にふさわしくない物、その時代に存在するのは不自然なものだということです。超古代の文明は、現代の物質文明とは比べものにならないほど、非常に文化的レベルが高かったことを表わしています。

エジプトの「巨大ピラミッド」は、アトランティス文明時代に生きていた少数の人類(科学者たち)が、ノアの洪水後、UFOに乗ってエジプトに渡り、その高度文明を伝承したものです。ピラミッドの建造を推進したのは人類ではなく、高度に進化した宇宙人だったのです。

そしてその日、エジプトの地のまん中には主のために、一つの祭壇が建てられ、その国境のそばには、主のために一つの石の柱が立てられ…

――旧約聖書：イザヤ書19章19節

ピラミッドは、特別な磁場に包まれていると言われています。ピラミッドの内部にはいくつもの部屋が存在し、それらの部屋の最上部の秘密の部屋には、石の柱が立ててあり、その石の柱に、創造主の磁気的エネルギー、つまり宇宙エネルギーが宇宙から投影されるようになっています。そして、その創造主の聖なる部屋で、エネルギーを受けることによって、身体が癒され、死者でさえ甦生できるような仕組みになっています。

かつて、ピラミッドの内部では「光線」を使った治療が行なわれ、ピラミッドという特別な磁場に満ちた部屋で、宇宙の光エネルギーを用いた人間の身体の癒しや死者の蘇生までもが行なわれていました。その仕組みの偉大さは、まさに宇宙の高度文明を象徴するものです。

巨大ピラミッドは、死を迎えてもなお新しい生命を手に入れたいという人類の永遠の願望を達成する秘密の場所であったに違いありません。しかし、その部屋に入ることができるのは、祭司だけであり、祭司となるにはかなりの意識の変革、高度な意識の進化を達成しなければなりませんでした。

ピラミッドが建造されて数千年後に、巨大ピラミッドの入口の真上にスフィンクスが建造されたのは、心ない者が創造主の聖なる部屋へ侵入するのを防ぐためです。そして、創造主の聖なる部屋へと至る通路もすべて封印されてしまいました。

やがて、時代が移り変わるにつれて、創造主の聖なる部屋の宇宙エネルギーも低下しつづけ、今では人類が甦生するのは不可能になっています。

フォトンベルトの周期は2万6千年

宇宙の周期は、約2万6千年です。それは、フォトンベルトの周期と全く同じです。今まで6回の文明興亡があり、現在、人類は第7回目の宇宙的周期を過ごしています。

こうした宇宙的周期ごとに、地球にはピラミッドのような建造物が構築されてきました。

現在、地球が第七周期に当たっているということは、７回で元に戻るという周期性から、宇宙的周期の第一周期、つまり、地球創生時のような素晴らしい超高度文明時代に再び地球人類が入ることを示しています。つまり、創造主が地球に再び到来し、それとともに地球上に隠蔽されていた「宇宙の真理」がすべて明らかになるときがやってくるのです。

従って、ピラミッド内部に秘密に隠蔽してある、人類のあらゆる文明に関する驚くべき記録書や「宇宙の真理」の記録書が開示され、この地球上の古い伝統や慣習や偽《にせ》の教えが消滅する日が来るようになります。「宇宙的真理」がこの地球上に再び浸透し、波及していくのです。

エジプト文明が発祥する以前のいくつかの文明の興亡において、文明が滅んだ理由の一つとして、地球人類の間で「核戦争」があったことが挙げられます。

核兵器は、現在の物質文明が始まってからつくられたものではなく、はるか太古の高度文明の時代にも存在し、人類の意識性の低下とともに核戦争が起きていました。その結果、太古の時代においては、世界で最も肥沃なデルタ地帯と言われていたエジプトを始めとするオリエント地方やアフリカでは、核戦争によって土地も気候もすっかり砂漠化してしまったのです。

太古のエジプトの地形は、砂漠化した平地がほとんどで、山がないという条件下で巨大な石を積み上げてピラミッドを建造しました。あの巨大な石を積み上げるという作業、そして、石と石との隙間は全くなく、薄い剃刀《かみそり》の刃でさえ通らないと言われている高度な建築技術は、地球人類の人智によるものではなく、超高度文明を持っていた非常に進化した宇宙人によるものでなければ、到底達成できるものではなかったのです。

日本にピラミッドが存在していた

太古の時代、エジプトよりもずっと以前に、日本にもピラミッドが存在していました。それが長い間発見されてこなかったのは、日本のピラミッドはエジプトのように人工的につくられた建造物ではなく、自然の山々を利用してつくられているものが多かったからです。

日本はエジプトと比べると山々が多く、三角形のシルエットの山をピラミッドとしてそのまま利用したり、また巨石を積み上げたりしているので、悠久にわたる時代の流れとともに、ピラミッドの景観が自然の山と全く変わらなくなってしまい、区別がつかなくなってしまいました。徳島県の剣山《つるぎさん》をはじめ、日本各地に点在する人工的に造られた山々は、実はピラミッドだったのです。

ところで、ピラミッドの語源は、エジプト語ではなく、日本語です。日本語の日来神宮（ヒラミット）という言葉がもとになっており、「日（太陽神）である創造主が来る宮」という意味を表わしています。つまり、ピラミッドは、創造主の磁気的エネルギー、宇宙エネルギーの入る特別の場所であり、宇宙と地球の交流の場であり、創造主の宇宙エネルギーの象徴だったのです。だからこそ、その宇宙エネルギー（創造主のエネルギー）を用いて、ピラミッド内部で身体の癒しや死者の蘇生ができたのです。

また、ピラミッド建造の本当の目的は、地球人類が宇宙との交流を持つためのＵＦＯ基地を建設することでした。エジプトや中南米など世界各地にピラミッドが存在しますが、これらもすべてＵＦＯの基地でした。

日本には、エジプトよりもずっと以前から、はるか太古の時代からピラミッドが存在し、日本が中心になって、全世界に向けてＵＦＯが飛び交っていましたが、そのコンタクティーは、実は「日本の天皇」だったのです。

第2章
天皇は創造主の象徴

太古の日本は超高度文明だった

太古の日本には、想像を絶するほどの宇宙の超高度文明が隆盛し、現代文明とは比較にならないくらいにすべてのものが進化していた時代がありました。その事実は、今の地球人類の歴史を百八十度覆すものであり、21世紀の現在に至るまでその真実は隠蔽されてきました。

21世紀の「21」という数字は、7の3倍数になっています。7はよく「ラッキーセブン」とも言われていますが、「神」、つまり「創造主」を現わし、21世紀は「創造主の時代の到来」を意味しています。

つまり、「21世紀」という時代は、これから創造主が再び地球上に現われ、創造主を中心とした病気も不幸もない愛と平和に満ちた地上天国が現われることを示しているのです。その地上天国は千年間続き、それが「ミロクの世」、つまり「千年王国」と言われているものです。

この「ミロクの世」に向けて、日本がすべての文明の発祥・源流であり、また日本語の「五十音」が世界の言語の語源であり、日本人がすべての人類の祖であるという驚愕の真実が全世界に明かされていくのです。

天孫降臨の地＝日本

地球創生以来、最初に高次元宇宙からＵＦＯが地球に飛来した場所は日本でした。神々が降臨することを「天孫降臨」と言いますが、ここで言う神々とは「高度に進化した宇宙人」のことであり、「天孫降臨の地」とは、宇宙人がこの地球上にはじめて降り立った地のことで、それは日本だったのです。

宇宙人が地球に降り立った目的は、地球上に宇宙の真理を浸透させ、地球人類の進化を図るためでした。

では、なぜそれが日本だったのか。それは、地球上で日本が宇宙の磁場が最も強く入る場所だったからです。

日本人の生活の中に根づいている天皇

日本の皇室は、世界で最も古く、万世一系を踏襲し、太古の時代より現在に至るまで、いかなる困難な情勢に日本が陥っても、天皇制は絶対に解体されることなく、しっかりと守られ、継続されてきています。

どのような時にも、日本国民が天皇のことを思い起こし、片時も忘れないように、日本人の暮らしの中に「天皇」がしっかりと根づいています。

様々な書類の年月日には、西暦も用いますが、たいてい元号を用います。元号は、天皇の呼び名ですが、日常生活の中で、知らず知らずのうちに天皇の存在が位置付けられているのです。

また、パスポートの表紙にもしっかりと「菊の紋章」が入っています。菊の紋章は、皇室の家紋です。日本人の家系図をたどると、ほとんどの人々が天皇家にたどり着きます。つまり、日本人はすべて天皇家の末裔であるということを物語っているのです。

行事があるごとに国歌である「君が代」が必ず斉唱され、「日の丸」の国旗が掲揚されます。「君が代」の「君」とは、天皇のことを指します。また、「日の丸」の赤い丸印は、皇祖神である「天照大神」のことを指しています。

日本人の風習の中にも、「天皇」がしっかりと根づいています。

お宮参りや七五三の祝いの時などは、日頃神社に縁のない日本人でも、日本の古いしきたりに従っている人が多く、初詣だけは必ず出かけるという日本人が多くみられます。

しかし、神社に詣でていても、その神社には、どのような神様が祀られているかなどと深く考慮したことがない人がほとんどでしょう。たいていの神社には、天皇の祖先とされる皇祖神、つまり「天照大神（アマテラスオオミカミ）」

が祀られています。

実は、「天照大神」は、日本の古神道の唯一神である「太陽神」を表わしており、「太陽神」は「創造主」であり、「イエス・キリスト」のことを指しているのです。その「宇宙の真理」を今世まで残すために、日本中に神社が建立されたのです。

日本人は、知らず知らずのうちに、「創造主（イエス・キリスト）」のことを忘れずに、自然に思い起こすように暮らしの中に仕組まれています。しかし、このことをほとんどの日本人はまだ知りません。

もちろん、神社には亡くなった人の御霊を成仏させ、鎮魂させるとともに、その土地の浄化をはかる目的もあります。

しかし、神社には、亡くなった人の御霊は決して存在しません。今、靖国神社参拝をめぐり、賛否両論の様々な意見が交わされていますが、靖国神社には神も霊も存在せず、人類の祖は「創造主」であるという「宇宙の真理」を知っていれば、賛否両論を取沙汰する必要は全くないのです。

郵 便 は が き

料金受取人払郵便

新宿局
承認

5729

差出有効期間
2023年5月
31日まで

160-8792

182

東京都新宿区
四谷4－28－20

（株）たま出版
ご愛読者カード係行

ご購入書籍名	
ご購入書店名	都道府県　市区郡　書店
ふりがな お名前	｜大正 昭和 平成　年生　歳
ご住所	〒
TEL	｜性別 男・女・その他
Eメール	

（ブックサービスご利用の際は必ず電話番号をご記入下さい）

たま出版の本をお買い求めいただきありがとうございます。この愛読者カードは今後の小社出版の企画およびイベント等の資料として役立たせていただきます。

本書についてのご意見、ご感想をお聞かせ下さい。

小社の目録や新刊情報はhttp://www.tamabook.comに出ていますが、コンピュータを使っていないので目録を　　希望する　　いらない

お客様の研究成果やお考えを出版してみたいというお気持ちはありますか。
ある　　ない　　内容・テーマ（　　　　　　　　）

「ある」場合、小社の担当者から出版のご案内が必要ですか。
希望する　　希望しない

ご協力ありがとうございました。

〈ブックサービスのご案内〉
小社書籍の直接販売を料金着払いの宅急便サービスにて承っております。ご購入希望がございましたら下の欄に書名と冊数をお書きの上ご返送下さい。その際、本ハガキ表面の電話番号を必ずご記入下さい。

ご注文書名	冊数	ご注文書名	冊数
	冊		冊
	冊		冊

創造主の直系の子孫であり、「宇宙の真理」を熟知していた昭和天皇は、あえて公言はされませんでしたが、靖国神社のＡ級戦犯合祀に不快感を示す発言をされ、それ以後、靖国神社に参拝しなくなりました。

天皇は高度に進化した宇宙人の直系の子孫

では、なぜ日本人の生活の中にこれだけ「天皇」がしっかりと根づいているのでしょうか。それは、日本の天皇は、非常に高度に進化した宇宙人の直系の子孫だからです。非常に高度に進化した宇宙人とは、「創造主」のことであり、天皇は「創造主」の直系の子孫です。ですから、日本の皇室が世界で最も古く、その創造主の血脈を守るために、万世一系の天皇制を踏襲してきたのです。

創造主の象徴である天皇制は、いかなる事情やどのような困難な情勢の中にあっても、決して解体されることなく、現在に至るまで継続されています。

太古の日本では、天皇を中心とした国家が形成され、天皇が全世界を統治し、UFOに乗って世界を駆け巡っていました。

5色人の誕生

地球の第一周期に、天皇の5人の皇子たちは、宇宙の真理を広めるため、日本から世界各地に赴き、それぞれの土地を治めるようになりました。その5人の皇子たちから出た子孫を「5色人」と言い、肌の色によって白人、黒人、赤人、黄色人、青人と呼ばれていました。その中で、日本人は天皇の直系の子孫であり、世界人類の祖となる存在です。5人の皇子の「5」という数字は、調和を表わしていて、その当時の世界は、創造主を中心にして人類が一つに和合し、とても平和でした。

また、5人の皇子たちによって、「宇宙の真理」が書かれた6冊のうちの5

冊の聖典が世界に持ち出されました。しかし、残りの1冊は、今もなお日本の皇室の中に秘密のうちに隠されています。ですから、日本の皇室には宇宙の真髄が隠されているということになります。

地球の第二周期には、天皇を含めて4人の皇子と1人の皇女、総勢6人が世界各国へと赴くようになりましたが、第二周期以降、人類の間で紛争が起きるようになり、この地球は平和ではなくなりました。従って、一般的に「6」という数字は、不調和を表わす数字と呼ばれるようになったのです。

宇宙人による人類の創造

地球人類は、決して猿から進化したのではありません。ダーウィンの「進化論」は間違いです。人類の祖先は、宇宙から飛来した非常に高度に進化した宇宙人、つまり「創造主」で、人類はその宇宙人のことを「神」と呼ぶようになったのです。

神と呼ばれた宇宙人「創造主」は、遺伝子操作によって、宇宙人の姿に似せてこの地球に人類を誕生させました。従って、人間は、はじめから人間として創られたものであり、決して猿などの動物から進化したのではないのです。その証拠に、人間と猿のＤＮＡは、構造が違っています。

神は人をご自身のかたちとして創造された。神のかたちとして彼を創造し、男と女とに彼らを創造された。

――旧約聖書：創世記１章27節

神である主は土地のちりで人を形造り、その鼻にいのちの息を吹き込まれた。そこで人は生きものとなった。

――旧約聖書：創世記２章７節

宇宙人の遺伝子操作によって最初に誕生した人類は、アダムとエバであり、エデンの園、つまり現在のゴシェン地方で生活していました。「ゴシェン」とはナイル・デルタの肥沃な土地のことで、エジプト文明発祥の地です。

宇宙人と地球人との融合

やがて、古代における地球には、高度に進化した宇宙人が遺伝子操作によってつくった人類（アダムとエバが人類の始まり）と天孫系の人類、つまり高度に進化した宇宙人の直系である日本の天皇の皇子や皇女たちの子孫が次第に増え続けました。そして、高度に進化した宇宙人たちは、地球人の女性と交わりを持つようになり、宇宙人と地球人の混血である子孫が地球上に誕生し、繁栄するようになりました。

神の子らが、人の娘たちのところに入り、彼らに子どもができたころ、またその後にも、ネフィリムが地上にいた。

——旧約聖書：創世記6章4節

第3章
日本の皇室はカインの子孫

カインとアベル

非常に高度に進化した宇宙人、つまり創造主によって創造されたアダムとエバには、カインという兄とアベルという弟の二人の息子がいました。

兄カインは最良の農作物を創造主に捧《ささ》げ物として奉納し、弟アベルは最良の家畜を捧げ物として奉納しました。ところが、創造主は弟アベルの捧げ物ばかりに目を留められ、兄カインの捧げ物にはひとつも目を留められませんでした。

なぜなら、その当時生贄《いけにえ》（生き物を生きたまま捧げること）を創造主に捧げる風習があり、創造主は弟アベルの捧げた「生き物」の方を重んじたからでした。そのことに怒った兄カインは、憎しみ故に弟アベルを殺してしまうという罪を負ってしまいました。

本当のユダヤ人と偽のユダヤ人

ユダヤ人は、本当のユダヤ人（兄カインの子孫）と偽のユダヤ人（弟アベルの子孫）に分かれています。本当のユダヤ人はカインの子孫で、「ステファラディーユダヤ人」と呼ばれています。

カインの子孫である本当のユダヤ人は、現在のパレスチナにおいて悲惨な難民生活を強いられているパレスチナ難民やアラブ諸国の人々です。日本人も、カインの子孫です。

アラブ諸国の人たちは、日本人がカインの子孫であり、同じ仲間であることをよく知っているので、とても親日的です。

一方、アベルの子孫は、偽のユダヤ人であり、「アシュケナジーユダヤ人」と呼ばれています。いかにも本当のユダヤ人のようにふるまってはいますが、自分たちが勝手に宗教的にユダヤ人だと思い込んでいるだけで、決して本当のユダヤ人ではなく、それはカザール人（カザール地方の白人系ユダヤ教徒）のことを指しています。

しかし、世界中の多くの人々が、アベルの子孫の流れである偽のユダヤ人こそ本当のユダヤ人であると信じこまされています。

アベルの子孫であり、偽のユダヤ人は、世界中に分散していて、特にアメリカとロシアに多く居住しています。そして、本当のユダヤ人たちを支配下に置いてパレスチナの土地から追放し、その土地を強制的に奪い取り、世界中から集めた献金でイスラエル国を建国したのです。現在のアメリカは、偽のユダヤ人（アシュケナジー）の象徴です。

偽のユダヤ人たちは、秘密の地下政府組織を持ち、陰で世界の政治、経済、情報、生活、人々のビジョンを支配し、この地球上に物質主義を繁栄させ、「宇宙の真理」を人々から隠蔽し、真理の普及を阻止してきました。2千年前、イエス・キリストを十字架に架けたのは、まさにこの「アシュケナジー」と呼ばれている偽のユダヤ人たちだったのです。

偽のユダヤ人（アベルの子孫）であるアメリカと、本当のユダヤ人（カインの子孫）であるイラクは、現在でも因縁の対決をしています。

聖書において、兄カインが憎しみから弟アベルを殺害してしまった結果、兄カインはその土地から追放され流浪の民となりました。しかし、創造主は兄カインに一つの恩恵を与え、彼が決して誰からも殺されないように、そして彼に手出しをする者は、７倍もの罪の報いを受けるように、兄カインの額に「X」というしるしを刻まれました。

主は彼に仰せられた。「それだから、だれでもカインを殺す者は、７倍の復讐を受ける。」
そこで主は、彼に出会う者が、だれも彼を殺すことのないように、カインに一つのしるしを下さった。

——旧約聖書：創世記４章15節

因縁関係ゆえにアメリカとイラクは対立し合っていますが、他にも、アメリカがイラクを責め立てる大きな要因があります。それは、イラクの豊富な石油を手に入れるためです。

しかし、アメリカは決してイラクの石油を手に入れることはできません。なぜなら、イラクはクレネ人の子孫で、クレネ人のシモンという人が、イエス・キリストが十字架を背負ってゴルゴダ丘へ向かう途中、イエスの代わりに十字架を背負って運んだからです。それ以後、クレネ人の子孫（イラク）は創造主から石油を与えられ、繁栄を約束されました。ですから、アメリカがどんな手段を用いても、決してイラクの石油を奪い去ることはできないのです。

彼らは、イエスを引いていく途中、いなかから出て来たシモンというクレネ人をつかまえ、この人に十字架を負わせてイエスのうしろから運ばせた。

――新約聖書：ルカの福音書23章26節

7倍の罪の報い＝因果応報の法則性

兄カインは、弟アベルを殺害してしまう罪を一度は背負ってしまいましたが、創造主の恩恵により、カイン及びカインの子孫たちの行く末は、ずっと創造主に守られることになりました。従って、カインの子孫（本当のユダヤ人）に手出しをする者は、因果応報の法則性によって、7倍の罪の報いを受け、滅びに至ります。

日本（カインの子孫）とアメリカ（アベルの子孫）との関係も、表面上は親密なように見えますが、やはり水面下では対立しています。アメリカは政治や経済など、あらゆる面において日本に制裁を加えていますが、日本に手出しすればするほど、アベルの子孫であり、偽のユダヤ人であるアメリカは、その報いを確実に受けていくのです。

★ハリケーンや竜巻の大型化

カインの子孫であるイラクや日本に制裁を加えた結果、２００５年の夏にはアメリカに大型化したハリケーンや竜巻が頻繁に到来し、多大な被害が生じました。

★異常気象＝カリフォルニアの熱波

アメリカのカリフォルニア州では、２００６年夏、熱波による数百名もの死者が出ました。これは、アメリカがレバノンに攻勢し、罪もない女性や子どもなどたくさんの死者を出したことによる報いです。レバノンの人たちは、カインの子孫だからです。

★元寇

カインの子孫である日本人は、古代より農耕を主とした生活を営んできました。１２７４年と１２８１年の2度に渡る元寇（蒙古襲来）でも、暴風雨（神風が吹いたと言われている）によって日本の勝利となりました。このことは、日本に手出しをするものは必ず復讐を受けることを物語っています。まさに、創造主がカインの子孫である日本を守っていることを象徴しているのです。

第4章

宇宙と人類の成り立ち

すべての物質は原子から構成されている

宇宙的観点から見ると、現在の地球の科学はまだ原始的で、決して万能ではありませんが、「宇宙の法則性」及び「宇宙の真理」が科学の法則性の中にすべて刻み込まれています。

たとえば、地球はあらゆる物質からできています。精神、感情、思考も、脳という物質から生まれます。

地球上のすべての物質は、原子という粒子から構成されていて、原子はあらゆる物質をつくる成分であり、いろいろな種類の原子が組み合わさってすべての物質ができているのです。

従って、宇宙も原子からつくられているし、人間も原子からできています。

このように、宇宙の万物は原子から構成されていますが、その原子をつくったのは創造主であり、宇宙万物を創造し支配しているのは創造主です。つまり、創造主が宇宙のすべての「アルファ＝始まり」であり、「オメガ＝終わり」であるということです。

神である主、今いまし、昔いまし、後に来られる方、万物の支配者がこう言われる。「私はアルファであり、オメガである。」

――新約聖書：ヨハネの黙示録1章8節

神である創造主は、宇宙万物が創造される前から存在しています。そして過去、現在、未来、永劫にわたって存在しています。「後に来られる方」とは、イエス・キリストのことで、創造主が地球上に人間としての姿をもって来られた時のことを指します。

地の基《もとい》を定められたとき、わたしは神のかたわらで、これを組み立てるものであった。

——旧約聖書：箴言8章29—30節

「地の基《もとい》」とは、原子のことです。つまり、創造主は様々な原子を組み合わせることによって宇宙万物を創造したという意味です。
また、聖書の創世記において、人類は「土地のちり」からつくられたとありますが、「土地のちり」とは、まさに原子のことです。従って、人類は原子から創造されたといえるでしょう。
聖書では、原子は宇宙万物の土台であり、基盤であり、基《もとい》である「土台」の「土」を原子の象徴としたのです。

神である主は土地のちりで人を形造り、その鼻にいのちの息を吹き込まれた。そこで人は生きものとなった。

——旧約聖書：創世記2章7節

すべての物質は創造主の光からつくられている

すべての物質は原子からできており、その原子をつくったのは創造主です。しかし、宇宙万物は「光」と「愛」と「永遠性を持つ、つまり無限である」という創造主の意識によって創造されています。

万物は「光あれ」という創造主のことば、つまり創造主の光によってつくられているので、すべての物質にはフォトン（光の原子の微粒子）が存在します。つまり、物質を構成する原子の一つひとつには創造主の意識が存在し、すべての物質には創造主の光があるということです。

神は仰せられた。「光があれ。」すると光があった。

——旧約聖書：創世記１章３節

フォトンの語源であるフォト（photo）とはギリシャ語で「光」の意味を表わしていて、フォトン（photon）は〝光の原子の微粒子〟のことです。

そのフォトンが集合的になると、光、すなわち電磁波、電磁的力という宇宙エネルギーになります。フォトンは原子を構成する陽子という微粒子に存在し、すべての物質の内部には光があります。

人類だけが唯一、意識（霊）を持った存在

創造主は「土地のちり」である原子から物質をつくり、その物質に「いのちの息」、つまり創造主の「意識（霊）」を与えて人類をつくられました。

意識とは霊のことです。「人類は万物の霊長」と言われているように、唯一人間だけが創造主（大霊）から分霊（分け御霊＝わけみたま）をもらっている存在です。

人間は一人ひとりが霊を持っていますが、動物や植物は個々の霊（分霊）を持っていません。ただし、動物や植物は集団霊を持っています。

この地球という物質世界で、人類だけが唯一意識（霊）を持った存在です。なぜなら、創造主は人間だけに分霊（意識）を与えられたからです。他の物質には意識（霊）はありません。

人類は、女性の胎内において、精子と卵子が受精してそこに創造主の光が与えられてこそ、はじめて人類となることができます。創造主の光がない場合には、ただの物質にしかすぎない不当児《ぶどうご》が誕生します。

人類は、男性と女性の愛の営みによって、精子と卵子の受精によって誕生します。しかし、そこに創造主の愛と光が与えられなければ、受精卵の細胞分裂時に異常が生じて、不当児が生まれてしまいます。

なぜ不当児が誕生するかというと、本来であれば原子という粒子に創造主の意識がはたらいて光が与えられ、人間が誕生します。しかし、子どもをつくる時に夫婦の心が一つに和合せず、神聖な気持ちで子どもをつくるという自覚を持たずに肉体の快楽ばかりを求め、創造主との調和もつながりもない時には、受精卵の原子に創造主の光が入らないので、人間になることができず、一つの物体としてこの地上に誕生してしまうのです。

これからの時代の恐ろしい現象

子どもの誕生の時だけではなく、これからの時代、地球がフォトンベルトに近づくにつれて、地球人類のバイブレーションが高まります。しかし、人類が創造主を知らずに自己本位の勝手な生き方をしていくならば、高まりゆく地球のバイブレーションと人類の意識の低さの不調和から、恐ろしい現象がこの地上に起きてきます。

それは、地球人類の間に、大々的に蔓延すると予想される恐ろしい伝染病や感染症です。また、不治の病に侵され、完治しないまま、生きながらにして不当児のように全身が奇形化し、体内は免疫不全の状態となり、様々なウイルスや菌に侵されるようになります。

つまり、創造主とのつながりを持たない、光のない人類の身体は、必然的に内臓から蝕《むしば》まれてゆくという現象がはっきりと現われて来るということです。

従って、人類にとって、創造主とのつながりを持つことがどれほど大切であるか、しかも創造主の愛と光がいかに人類に必要であるかを十分に認識する必要性があります。

人類は光を発する存在

創造主の分霊（意識）を持っている人類は、創造主の一部であり、創造主の光によって創造されました。ですから、人類は、体内に光を持った存在であり、自ら光を発しています。つまり、人類の細胞内にもフォトン（光の微粒子）が存在し、光、つまり磁気的力を発しているのです。

人類が創造主に生かされていることを知り、自分の心を絶えず創造主とつなぎ、創造主の光を積極的に取り入れるならば、細胞内のＤＮＡが活性化し、細胞内のフォトンが光をより多く充電することができます。

ＤＮＡには、光を構成する遺伝子があります。従って、人類は、より多くの光に満たされるほど健康で幸せで長生きすることができます。そして、意識の進化覚醒も促進されます。

しかし、創造主とのつながりを忘れ、創造主の光を積極的に取り入れなければ、細胞内のフォトンがどんどん減少し、やがて健康を害し、必然的に不幸な人生を送らなければならなくなるのです。

悲しいことに、現在では多くの人類が物質中心主義に生き、精神文明を全く知らないために、創造主の存在を忘れ、創造主とのつながりを持っていません。今の人類は、本来光を持った存在であり、光（創造主）に向かって永遠に進化していく存在であることを全く認識していません。そのため、ほとんどの人がほんのわずかしか光を発していないのです。

フォトンベルトとは巨大な光のエネルギー帯

フォトン（光の原子の微粒子）が集合的に集まったものが光であり、磁気的力であり、宇宙エネルギーです。つまり、フォトンベルトとは宇宙に浮かんでいる巨大な光のエネルギー帯のことです。

フォトンベルトに近づくということは、太陽系の惑星のすべてのバイブレーション（すべての物質には振動があり、その振動のことを〝バイブレーション〟と言います）が上昇するということです。つまり、創造主の光に次第に近づくので、太陽系のすべての惑星の次元が上昇するということです。従って、この地球も三次元から五次元へと次第に上昇し、それに伴って人類の意識も上昇していきます。

創造主の光に近づくにつれて、地球のバイブレーションが高まり、次第に温度が上昇し、圧力が生まれます。そして、その圧力によって物質を構成する原子が発光し、宇宙エネルギーが高まります。その高まる宇宙エネルギーによって、人類の体内の原子構造の組み替えやＤＮＡ（遺伝子）の覚醒が起こり、次第に意識が進化覚醒され、やがて病気のない身体へと変容していき、寿命が延びていきます。

地球人類の意識が進化覚醒することを「アセンション」と言いますが、本来のアセンションの語源は、ascention=上昇する、the Ascention=イエス・キリストの昇天、という意味です。

つまり、イエス・キリストが、肉体の死に打ち勝って、意識体（霊体）で復活したことを意味しています。ですから、真の人類のアセンションとは、イエス・キリストのように、意識が高度に進化し、身体も新しく生まれ変わるということなのです。

今回、人類は7度目のアセンションを迎えることになり、人類にとって最後のアセンションのチャンスとなります。

今まで地球人類は6回もアセンションを迎えてきましたが、いずれも失敗に終わり、その結果として文明の興亡をくり返してきました。

なぜ人類は、6回も文明の興亡をくり返さなければならなかったのでしょうか。

フォトンベルトを通過するときに、地球と人類のバイブレーションがともに高められなければならないのですが、地球のバイブレーションが次第に高まっていくなかで、人類の意識の進化が伴わないからです。なぜなら、人類が創造主を離れ、宇宙の法則に反した生き方をしているからです。

人類の意識が進化しなければ、それに伴って地球のバイブレーションも低下します。その結果、本来高まっていなければならない地球と人類のバイブレーションがある一定レベルまでに移行できないので、そこに不調和、不均衡が起こり、天変地異、異常気象、生態系の変化、奇病や伝染病の発生や事故などの大惨事が頻繁に起こってくるのです。

20世紀までは、地球は物質文明でしたが、21世紀に入り、2001年9月11日、アメリカの同時多発テロを機に、地球の文明は精神文明に移り変わりました。21世紀は、「創造主の時代」と言われ、創造主がこの地球上に降りて来て、創造主を中心とした王国が一千年間はじまります。それを、愛と光に満ちた「千年王国」と言います。

創造主を中心とした新しい文明時代を迎えるにあたって、人類の意識の進化覚醒の最後のチャンスとして「フォトンベルト」という画期的なシステムが、創造主の愛と慈悲によって人類に与えられているのです。

創造主の愛と慈愛によってつくられたシステム「フォトンベルト」を迎えるにあたって、地球人類のバイブレーションを上げるためには、人類一人ひとりが真剣に、そして積極的に意識の進化覚醒に早急に取り組まなければなりません。

第5章
人類意識の進化覚醒

意識には3種類の意識がある

意識には、「意識」「自我意識」「宇宙意識（キリスト意識）」の3種類の意識があります。

動物や植物などの物質には、「意識」がありません。ですから、人間が昏睡状態に陥って「意識がない」という状況の場合には、「植物人間」と表現されるようになります。「意識」を持っているから、つまり創造主の「分霊」を持っているからこそ人間なのです。

また、人類は創造主に似せてつくられているというのは、創造主の物質的な姿形に似せて創られているのではなく、創造主の霊的な姿形に似せてつくられているということです。

そして、創造主の霊的な姿形に似せてつくられているということは、創造主の分霊を持つ人類が、生来「創造主は、愛と光であり、無限の存在である」という創造主の特性を具《そな》え持っているということです。

従って、創造主の一部であり、もともと創造主の特性を持って生まれた人類は、生き方の中に、創造主の特性が顕現されていなければならないのです。

神は仰せられた。「さあ人を造ろう。われわれのかたちとして、われわれに似せて。」

——旧約聖書：創世記１章26節

神は人をご自身のかたちとして創造された。神のかたちとして彼を創造し、男と女とに彼らを創造された。

——旧約聖書：創世記１章27節

人類に十字架が刻まれている

人類の立ち姿（両手を真横に広げ、地上に垂直に真っ直ぐに立った姿）は、十字架の形を現わしています。十字架は、創造主「イエス・キリスト」の象徴です。

創造主は、イエス・キリストであること、イエス・キリストが宇宙の根源であり、宇宙の真理であること、そしてイエス・キリストの十字架の意味を知らなければ、人類は決して進化することができません。これらの重要な真理を人類が忘れないように、また絶えず思い起こすように、人類に十字架が刻まれているのです。

わたしが道であり、真理であり、いのちなのです。わたしを通してでなければ、だれひとり父のみもとに来ることはありません。

――新約聖書：ヨハネの福音書14章6節

十字架の縦の線は、天（宇宙）と地（地球）をつなぐもの、つまりイエス・キリストを表わし、宇宙の真理を地球に教えたのはイエス・キリストであるということを意味しています。また、十字架の横の線は、人と人のつながりを表わし、創造主の分霊を持っている人類は、ともに創造主につながっている同胞であり、自他の区別なく、互いに愛し合わなければならないという意味です。

人類意識の進化覚醒のプロセス

1．第一に人類は、自分の心を知らなければなりません。自分の心を知るということは、創造主を知るということです。

2．創造主を知るためには、人類は日常の経験や体験を通して、宇宙の真理をより深く心で把握できなければなりません。

3．自分の心で把握した宇宙の真理は、意識に刻まれます。

4．意識に把握された宇宙の真理は、決して消えることなく永遠に魂に刻まれます。

5．魂は愛と光の存在であり、宇宙の叡智である創造主に向かって近づいていき、永遠に進化していきます。

これらのことを、常に人類が意識するように、人類の右手の5本の指に刻まれています。

すなわち、右手は「精神世界」を表わし、小指は「心」、くすり指は「真理」、中指は「意識」、人指し指は「魂」、親指は「創造主」を表わしています。そして、左手は「物質世界」を表わしています。

自我意識と宇宙意識

自我意識とは、物質的である肉体の五感（知覚神経＝視覚、聴覚、味覚、嗅覚、触覚）であらゆることを感じ取る段階を意味します。

現代の人類の多くが、自我意識の段階にしか意識を高めていません。ただ五感で物事を感じ取るだけではなく、「宇宙の真理」を心で深く理解し、「創造主」を知らない限り、人類の真の意識の覚醒はありません。

一方、宇宙意識とは、低我（知覚神経による五感で感じること）から高我（五感ではなく、第六感以上のもので感じ取ること）へと意識を高めることです。

つまり、宇宙意識とは、人類が愛と光の存在であり、無限の存在である創造主の本質を知り、「不変の宇宙の法則に従って」意識を高め、「創造主と一体化する」ことです。

この「宇宙意識」に到達することが、人類進化の永遠の目的であり、テーマです。

ところが、およそ2千年間もの間、物質文明の所産によって、創造主を離れ、利己主義に陥った人類は、意識レベルが著しく低下し、堕落しました。そして、創造主の愛と光を喪失した人類は、退廃的傾向に進みつつあります。

今まで宇宙の真理（既成の科学や神学の理論をくつがえす真実）が、あえて人類に隠蔽されてきた結果、この地球上は、人類の否定的、破壊的想念で溢れ、現代の人類の進化は、すっかり停滞気味です。

イエスという名前について

「イエス（Jesus）」は、創造主が人間として肉体をとってこの地球上に生まれた時の人名です。

イエスの語源は、宇宙のすべてが「イエス（yes）」であるということです。つまり、創造主は、宇宙万物を創造したのだから、必然的に宇宙のすべてのものが創造主に同意し、従うという意味です。

一方、「キリスト」の語源は「キリスト意識」のことで、進化覚醒された意識のことを意味しています。つまり、「イエス・キリスト」とは、意識の進化覚醒が完璧に完成されているという意味なのです。

また、「キリスト」は「宇宙意識」と同じ意味で、宇宙の法則に従って創造主と一体化するという意味を持っています。

人類の生きる目的は、創造主であるイエス・キリストを知ることにあります。イエス・キリストを知らないと、人類は宇宙の真理を知ることができないし、決して進化することができません。

『わたしが道であり、真理であり、いのちなのです。わたしを通してでなければ、だれひとり父のみもとに来ることはありません。』

――新約聖書：ヨハネの福音書14章6節

イエス・キリストが宇宙の根源であり、宇宙の真理です。ですから、イエス・キリストを知らなければ、宇宙の真理を理解できません。

イエス・キリストの生き方こそ、正しい生き方であり、イエスは人類に生き方の手本を示されたのです。

しかしながら、イエス・キリストが生きていた時代には、いくらイエス・キリストが偉大な真理を説いても、人類の意識が進化していなかったため、聞く耳を持てませんでした。ですから、イエス・キリストもごく一部しか偉大な宇宙の真理を説くことができなかったのです。

そこでイエスは言われた。「あなたがたに、神の国の奥義を知ることが許されているが、ほかの者には、たとえで話します。彼らが見ていても見えず、聞いていても悟らないためです。」

――新約聖書：ルカの福音書８章10節

第6章

大艱難辛苦の時代へ

原子構造は宇宙全体を象徴している

物質を構成する原子の中心の原子核には、陽子と中性子が含まれていて、その周りを一定の規則性を基に電子が回っています。

つまり、原子構造は宇宙を象徴しています。

太陽系について言えば、原子核は太陽で、原子核（太陽）の周囲を回っている電子は太陽系の惑星です。

宇宙全体で言えば、原子核が創造主で、原子核（太陽）の周囲を回っている電子は太陽系、銀河系、すべての星雲、恒星、惑星です。

従って、宇宙は、原子核である一つの巨大な中心部である創造主（太陽系の物質的な太陽ではなく、宇宙全体を霊的に照らす霊的な太陽とも呼ばれている）を中心に永遠に進化しながら、宇宙の法則に従って一分の狂いもなく周期的に回っています。

神が天を堅く立て、深淵の面に円を描かれたとき、わたしはそこにいた。

――旧約聖書：箴言8章27節

原子から宇宙に至るまで、つまり、ミクロの世界からマクロの世界まで、この世のすべてのものには中心があり、すべてのものがその中心である創造主を軸に周期的に回っています。

神は御座の面をおおい、その上に雲を広げ、水の面に円を描いて、光とやみとの境とされた。

――旧約聖書：ヨブ記26章9―10節

宇宙は創造主に向かって永遠に進化する

電子は宇宙の万物を象徴していますが、はじめは－（マイナス）のエネルギーを持っていて、浄化、進化するにつれて－（マイナス）エネルギーを宇宙に放出し、＋（プラス）のエネルギーに変換されていきます。

これは、宇宙万物ははじめから完成されていませんが、浄化、進化するにつれて、より「完成」、つまり創造主に近づいていくという進化の過程を象徴しているのです。

原子構造には、永遠に進化していく無限の存在であるという偉大な宇宙の真理が刻まれています。従って、宇宙の周期を表わす「円＝circle ＝ ○」は、宇宙の無限性を表徴しています。

私たちの神、主のご慈愛が私たちの上にありますように。そして、私たちの手のわざを確かなものにしてください。どうか、私たちの手のわざを確かなものにしてください。

——旧約聖書：詩篇90章17節

「磁気的力」＝「宇宙エネルギー」の発生のメカニズム

1. 物質を構成する原子の中心（核）には、陽子という微粒子があります。陽子には、フォトン（光の原子の微粒子）が存在するので、陽子の微粒子全体は＋（プラス）のエネルギーを持っていて宇宙全体に放出しています。
2. 原子の中心（核）の周囲を回っている電子には、－（マイナス）のエネルギーがあります。
3. 従って、原子全体の微粒子内では、陽子（フォトンを含む）の＋（プラス）エネルギーと電子（マイナスエネルギー）との陰陽の両極性が存在します。

4. 陰陽の両極性が存在するために、原子の微粒子間において微粒子がお互いに引き合ったり離れたりする時に、原子に磁気的力が発生します。磁気的力とは「宇宙エネルギー」のことを意味します。

5. 原子の微粒子からできている宇宙全体及びすべての物質に、磁気的力、「宇宙エネルギー」が存在します。

6. すべての物質は、太陽から放射されるエネルギーによって原子の微粒子（陽子）内のフォトンが光を充電し、宇宙エネルギーが発生します。

7. 宇宙の万物の中で唯一意識を持つ人類だけは、意識を進化覚醒させ、宇宙意識（宇宙の法則に従い、創造主と一体化すること）にまで意識レベルを上げることができれば、創造主の光を人類自ら積極的に取り入れることができるので、細胞内のＤＮＡ（遺伝子）が活性化します。そして、ＤＮＡ（遺伝子）はフォトンを構成する遺伝子を持っているので、ＤＮ

Ａ（遺伝子）が活発化するにつれて原子の微粒子内のフォトンがどんどん光を増し、充電されて宇宙エネルギーが発生し、人類は健康で幸せな人生を過ごすことができます。

陰陽の二極性は「二元論」を象徴している

原子の微粒子においての陰陽の二極性の存在は、二元論を象徴しています。陰陽の二極性が存在することによって、宇宙の均衡（バランス）が保たれ、宇宙は進化していくのです。

創造主は、人類の意識を向上させ、魂を進化させるために自由意志を与え、それ以来、地球上には、二元論が存在するようになりました。善を選ぶのも悪を選ぶのも人類の意志に任せ、自由な生き方を選択させて、人類一人ひとりに自分の生き方の責任をとらせるようにしたのです。

善と悪、陰と陽、光と闇、有限と無限、表と裏、男と女、太陽と月など、相反するものが互いに存在するから、人類は真実（真理）を見つめることができるのです。

神である主は、その土地から、見るからに好ましく食べるのに良いすべての木を生えさせた。園の中央には、いのちの木、それから善悪の知識の木を生えさせた。

——旧約聖書：創世記2章9節

創造主から自由意志が与えられている人類は、自分の生き方に責任を持たなければなりません。

人類の思考と行いの結果が、必ず自分の人生に現象として起こってきます。このことは、「因果応報の法則」と呼ばれています。ですから、自分に現われて来るすべてのことは、自分自身の責任であり、磁石のように自分の心が引き起こしているということに気がつかねばなりません。
つまり、幸福になるのも不幸になるのも、自分の心次第であるということです。

人は種を蒔けば、その刈り取りもすることになります。
——新約聖書：ガラテヤ人への手紙６章７節

物質のバイブレーションと宇宙エネルギー

物質を構成する原子の微粒子の運動の激しさを「振動」といい、「バイブレーション」といいます。そして、あらゆる物質は、独自のバイブレーションを持っています。
微粒子間の振動（バイブレーション）と微粒子間の磁気的力（宇宙エネルギ

ー）との相関関係によって、物質は固体、液体、気体と状態が変化します。そこには、温度や圧力などの条件も必須条件として加わります。

かつて話題になった「ターミネーター2」という映画は、まさにこの物質の状態変化を題材にしたものです。この映画に出てくる敵役の人造戦闘マシーンは、主人公と戦闘中に、タンクローリーから漏れ出た液体窒素によって一瞬のうちに固まってしまいます。なぜなら、窒素の沸点はマイナス196℃と温度が非常に低く、粒子間の振動（バイブレーション）よりも磁気的力（宇宙エネルギー）の方が非常に強くなるため、粒子間の結合が強まって、固体になってしまうからです。

映画のラストシーンでは、溶けた鉄の熱によって周囲が高温になると、粒子間の磁気的力（宇宙エネルギー）よりも粒子間の振動（バイブレーション）の方が激しくなり、戦闘マシーンはドロドロとした液体金属に戻ってしまいます。

この映画は、物質の状態変化を巧みに描写していますが、人類も、科学の法則性をマスターすれば、つまり原子という粒子を上手く取り扱うことができれば、あらゆる物質を変容することができることを示唆しています。

イエス・キリストはあらゆる物質をつくりだし、変容させた

あらゆる物質の原子の微粒子間に働く力、つまり磁気的力（宇宙エネルギー）と微粒子間の振動（バイブレーション）との相関関係を巧みに取り扱い、物質を自由自在に状態変化させることができたのが、イエス・キリストです。

なぜなら、創造主であるイエス・キリストがあらゆる万物を創造し、その万物に働くすべての法則性を完璧に知り尽くしていたからです。

イエス・キリストだけが、唯一「宇宙エネルギー」をこの地球上で自由自在に使いこなし、人類の病を癒し、死人を生き返らせ、空中からパンや魚をつくり出し、水上を歩くという数々の奇跡を行ないました。

これは、イエス・キリストが、宇宙エネルギーを用いて原子の微粒子を自由

に扱うことができ、地球上のあらゆる物質を変容させることができたからにほかなりません。

イエスは言われた。「彼らが出かけて行く必要はありません。あなたがたで、あの人たちに何か食べる物を上げなさい。」しかし、弟子たちはイエスに言った。「ここには、パンが五つと魚が2匹よりほかにありません。」するとイエスは言われた。「それを、ここに持って来なさい。」そしてイエスは群衆に命じて草の上にすわらせ、五つのパンと2匹の魚を取り、天を見上げて、それらを祝福し、パンを裂いてそれを弟子たちに与えられたので、弟子たちは群衆に配った。人々はみな、食べて満腹した。そして、パン切れの余りを取り集めると、12のかごにいっぱいあった。食べた者は、女と子どもを除いて、男5千人ほどであった。

——新約聖書：マタイの福音書14章17—21節

人類も、創造主であるイエス・キリストの生き方にならって生きるならば、また、イエス・キリストが説かれたことを真剣に受け入れ、「宇宙の真理」を真摯に理解するならば、イエス・キリストよりももっと大きなわざをすることができるのです。

まことに、まことにあなたがたに告げます。わたしを信じる者は、わたしの行なうわざよりもさらに大きなわざを行います。

——新約聖書：ヨハネの福音書14章12節

万物を構成する原子は無限であり、永遠性を持つ

物質を構成している原子の組み替えによって、つまり原子が分かれたり、新しく他の原子と融合したりすることによって化学反応が起こり、その結果、宇宙の万物は形を変えて絶えず流転しています。

仏教では、般若心経の中で「色即是空＝空即是色」（この物質世界では、固定的実態がなく空であるということ）と唱えています。「空」という観念は、すべては実体がなく、無になるという意味を表わし、すべてのものは有限であることを意味していますが、この観念は、人類の狭義的な知識で考えた空想の産物にしか過ぎません。

宇宙は、すべて原子という粒子からできているという実態のある実世界であり、万物を構成する原子は無限であり、永遠性を持っているのです。

物質をつくるすべての原子には、必ずフォトン（光の原子の微粒子）が存在

しています。なぜなら、物質はすべて創造主の光によって創造されているからです。

ですから、原子の粒子一つひとつに「愛」と「光」と「宇宙は永遠性、つまり無限性を持つ」という「創造主の意識」が存在しています。

宇宙は、あらゆるものがより乱雑な方向（エントロピー）に向かう傾向があり、人類も創造主を離れ、堕落し、進歩が停滞する傾向があります。

しかし、宇宙の万物は、創造主によって統合され、すべて創造主に立ち返り、一体化するように、不変の「宇宙の法則」によって宇宙は秩序立てられているのです。

神の全能の力の働きによって、私たち信じる者に働く神のすぐれた力がどのように偉大なものであるかを、あなたがたが知ることができますように。神は、その全能の力をイエス・キリストのうちに働かせて、イエス・キリストを死者の中からよみがえらせ、天上においてご自分の右の座に着かせて、すべての支配、権威、権力、主権の上に、また、今の世ばかりでなく、次に来る世においてもとなえられる、すべての名の上に高く置かれました。

――新約聖書：エペソ人への手紙1章19―21節

宇宙の次元層は横に浸透しあっている

原子の中心である原子核の周りを動き回る電子は、同心円上にいくつかの層に分かれて存在していて、この層を「電子殻」といいます。この電子殻とは、電子が回る容《い》れ物のことですが、同心円を描きながら、いくつかの層状になっています。

これは、宇宙の次元層（三次元と五次元というように次元別の層）が、縦す。

（上下）に重なっているのではなく、それぞれの次元層のバイブレーションによって、同じ空間内で横に互いに浸透しあっているということを象徴していま

つまり、各次元層が同じ一つの空間内に存在するということです。次元が違うからといって、全く他の場所に存在するわけではありません。

すべての物質の原子には、宇宙エネルギーが存在し、その宇宙エネルギーが動いて振動（バイブレーション）が発生します。従って、各次元層にそれぞれの振動（バイブレーション）が発生しているということは、各次元層に物質が存在するということです。

つまり、「各次元層が同じ一つの空間内に存在する」ということは、太陽系全体を一つの空間と考え、その太陽系の中で様々な振動（バイブレーション）を持つ太陽系の惑星が、それぞれの次元層を構成しているということです。

ですから、人類は、地球で肉体の死を迎えた時、各自の意識の進化、覚醒度によって、それに応じた振動（バイブレーション）を持つ太陽系の惑星（地球

以外の別の次元層）へ瞬時のうちに移行（転生＝生まれ変わる）します。地球的観点の次元空間の認識を超えて人類が創造主と一体化し、宇宙の法則に従って自己の意識を進化覚醒すれば、自己の振動（バイブレーション）が高まり、生きながらにして自由自在に他の次元層へ行くことができるのです。

わたしの父の家には、住まいがたくさんあります。もしなかったら、あなたがたに言っておいたでしょう。あなたがたのために、わたしは場所を備えに行くのです。

――新約聖書：ヨハネの福音書14章2節

「私の父の家には」とは、創造主が創造し、存在、支配している宇宙のことであり、「住まいがたくさんあります」とは、各次元層のこと、つまり太陽系の惑星のことです。

地球上の科学では、異次元の世界、つまり地球以外の他の惑星は、地球からはるかに離れた距離にあると言われていますが、実際にはそれほど離れてはいません。

宇宙的視野で見ると、科学万能と言われている地球の科学が非常にまだ原始的であり、宇宙に関する本当の事実がいまだに人類に隠されているのです。ですから、人類はあまりにも宇宙に関する誤った観念にとらわれ過ぎているのが現状です。


あのむなしい、だましごとの哲学によってだれのとりこにもならぬよう、注意しなさい。それは人の言い伝えによるもの、この世の幼稚なおしえによるものであって、キリストによるものではありません。

——新約聖書：コロサイ人への手紙2章8節

「8」は宇宙の調和を表わしている

原子の粒子の並びかたによって、あらゆる物質の性質が決まります。

前項でも述べたように、原子の中心にある原子核の周囲を動き回る電子は、いくつかの層に分かれて存在しており、この層を「電子殻」と言います。一番外側の「電子殻」に「8」個の電子が入っている状態の時が最も原子が安定していて、「8」個の電子からできる物質は、一番安定した性質を持つ物質となります。そして、その物質は単独で存在できるので、その物質の原子は他の原子の影響を一切受けず、決して他の原子と結合することはありません。

ですから、すべての原子が、最も外側の電子殻に電子を「8」個入れて安定しようと永遠に必死に活動し続けるのです。

これらのことは、「8」という数字が宇宙の「調和」を表わしていることを象徴しています。

また、「8」という数字を九十度横に倒すと、無限大（限りなく大きくなること＝∞）を表わしていて、宇宙は無限であるということを象徴しています。

つまり、宇宙は「無限」であり、すべて「調和」を目的として、「創造主」に向かって永遠に進化しているということを表わしているのです。

元素の種類は地球の様々な事象を象徴している

物質を構成する原子の種類のことを「元素」と言いますが、その元素の種類は、原子番号の順に1～18族にまで分けられます。「18族」の「18」を2倍すると「36」で、人間の体温を表わしています。そして、「36」をさらに2倍すると「72」になり、心拍数を表わし、「72」を2倍すると「144」になり、血圧を表わしています。

また、元素を同じような性質によって分けると7種類に分けられます。この元素の性質の規則性を「周期」と言い、第一～第七周期まであります。この元素の周期は、地球の周期を象徴しています。

地球と他の惑星との間の動きには、一定の法則性があります。そして、その法則性を地球の周期と言いますが、地球の周期も第一～第七周期まで区分され、太陽系における地球の周期は、7回で宇宙全体の周期の1回分にあたります。

太陽系における周期も宇宙全体の周期もそれぞれ7回に分けられ、元素の周期と全く同じ第一～第七周期に区分されています。

2001年9月11日、アメリカ同時多発テロ事件を境に、物質文明の崩壊がはじまり、現在の地球は精神文明へと移行し、地球の第七周期に入りました。

地球の第一周期は「黄金時代」と呼ばれ、その当時の人類は、創造主と一体化し、愛と光に満ち溢れた創造主の特性を十分に発揮していました。

しかし、人類が次第に高慢になり、人類自らを創造主の地位につけようとするようになって、いつしか人類が創造主を離れてしまったのです。そして、物質中心主義に浸りきった結果、地球人類の振動（バイブレーション）が著しく低下し、人類の悪想念が地球を取り巻き、地球の文明を自ら崩壊させてしまいました。

21世紀は人類が創造主へ立ち返る時代

このように、周期律の規則性に従って、地球は「終わりから始めに戻っていく」ことになります。つまり、地球の第七周期の終わりには、また再び第一周期の「黄金時代」のように、人類は創造主に立ち返り、創造主と一体化し、創造主の特性を顕現するようになるのです。「1」という数字は「はじまり」で、「7」という数字は、よく「ラッキーセブン」と言いますが、「創造主の出現」を意味しています。

一方、「20」という数字は、「物質文明」を意味しています。人間の両手両足の指は、全部で「20」本ありますが、このことは、物質文明は「20」世紀までで終わりということを意味しています。そして、「21」は「7」の3倍数ですから、21世紀は「創造主が出現する時代である」ということを表わしています。

21世紀は、創造主であるイエス・キリストが肉体を持ってこの地球上に再臨（再来）し、イエス・キリスト御自身が千年間の間この地球上を統治される「千年王国」が訪れる時代なのです。

また、イエス・キリストのために殉教した人たちの魂や、いかなる迫害や困難にあってもイエス・キリストのために固く信念を貫き通した人たちの魂は、イエス・キリストの再臨とともに、肉体を持ってこの地球上に再び生き返ります。そして、人類は、創造主であるイエス・キリストの御姿を肉眼ではっきりと見ることができるのです。

その時、この地球上は、創造主の愛と光に満たされ、本当の平和が訪れ、人類は互いに争うことなく、互いに愛し合い、「宇宙の永遠の進化」に向けて、建設的、創造的な意識を持って平安な日々を送るようになります。

私は、イエスのあかしと神のことばとのゆえに首をはねられた人たちのたましいと、獣やその像を拝まず、その額や手に獣の刻印を押されなかった人たちを見た。彼らは生き返って、キリストとともに、千年の間王となった。

——新約聖書：黙示録20章4節

急がれる人類意識の進化覚醒

人類が物質文明の壁を打ち破り、精神文明へと移行し、「千年王国」が到来し、創造主のもとへ立ち返るには、物質文明で著しく堕落し、低下しきった意識レベルを上げなければなりません。そのためには、人類意識の進化覚醒が必要です。

人類意識の進化覚醒のために、創造主によって人類に与えて下さったシステムが「フォトンベルト」です。フォトンベルトに近づくということは、創造主の光、巨大な光（宇宙）エネルギーに近づくということです。

しかし、創造主がいくら愛と慈悲を持って、人類の意識を進化覚醒しようと「宇宙エネルギー」を与えてくださっても、その受容器である人類が自分自身の心を見つめ、宇宙の真理を理解しなければ意味がありません。

また、その真理の道を究めるためには、創造主であるイエス・キリストを知らなければ、「宇宙エネルギー」は少しも人類に入らず、人類の意識は進化しないのです。今、早急に変えなければいけないのは、人類の心であり、人類自らが精神性、つまり意識を高めることです。

人類の悪想念が大惨事を引き起こす

フォトンベルトに近づくにつれて、次第に高まりゆく「宇宙エネルギー」とともに地球のバイブレーションも上がらなければならないのですが、人類の意識のバイブレーションが低いために、地球が高いバイブレーションに移行することができず、地球はバランスを崩し、そこに大きなひずみが生じてきています。その結果、災難や大惨事が頻発しています。

また、人類の感情や想念が、利己的、否定的、破壊的であるがために、人類の意識のバイブレーションがとても低くなっています。人類の考えや思いである想念は、偉大なパワーを持っていて、すべての物質に内在する磁気的力（宇宙エネルギー）に影響を与えます。

特に、人類が集団的に悪想念を発すると、あらゆる物質の磁気的力（宇宙エネルギー）を破壊し、大変動が起き、天変地異、異常気象、生態系の変化（DNAの変化）を引き起こします。

20世紀までは、人類の犯した罪（カルマ）は、自分の子孫の3代目に現われると言われてきましたが（自分が過去世において犯した罪が、自分の肉親にまで現象となって現われると言われて来た）、21世紀においては、自分の犯した罪（カルマ）が百倍以上にもなってすぐに自分に返ってきます。たとえ肉親であっても、決して自分以外の者の罪を負うということはありません。

21世紀は、人類の考えや思いがすぐに現象化する時代です。それだけ地球の次元が高まっていて、今までと違って、地球の時間が加速度的に進んでいることを顕著に表わしています。

モーセは言った。「私を遣わして、これらのしわざをさせたのは主であって、私自身の考えからではないことが、次のことによってあなたがたにわかるであろう。もしこの者たちが、すべての人が死ぬように死に、すべての人の会う運命に彼らも会えば、私を遣わされたのは主ではない。しかし、もし主がこれまでにないことを行なわれて、地がそ

の口を開き、彼らと彼らに属する者たちとを、ことごとくのみこみ、
彼らが生きながらよみに下るなら、あなたがたは、これらの者たちが
主を侮ったことを知らなければならない。
——旧約聖書：民数記16章28—30節

この聖書の御言葉は、地震は創造主が引き起こしたものではなく、宇宙の法則である宇宙の真理に従わず、創造主を侮った人類自らが引き起こしたものであることを明白に述べています。

災難や大惨事が人類にとって最悪な事態であることは事実ですが、一方で、人類の意識の進化や覚醒度の側面から見てみると、人類の意識の大きな変革へのきっかけとなることも確かです。

なぜなら、困難や絶望や破壊的な出来事が起き、最悪な環境にまで追い詰められると、人類は魂の琴線に触れ、必然的に否が応でも創造主を求めるようになるからです。そして、自己に内在する創造主以外に頼るものは何もないこと

を思い知るのです。

そのとき、大地震が起こって、都の十分の一が倒れた。この地震のため7千人が死に、生き残った人々は、恐怖に満たされ、天の神をあがめた。

――新約聖書：黙示録11章13節

マインド・コントロールによる人類意識の意図的な低下

人類に共通するバイブレーションをコントロールすれば、人類を自由自在に支配し、操作する、つまり人類をマインド・コントロールできます。人類に共通するバイブレーションとは、人類の想念のことで、その想念の基本のバイブレーションは『666×106×106』オクターブです。従って「666」

という数字は、「人類の想念を表わす数字」なのです。

また、小さい者にも、大きい者にも、富んでいる者にも、貧しい者にも、自由人にも、奴隷にも、すべての人々にその右の手かその額かに、刻印を受けさせた。また、その刻印、すなわち、あの獣の名、またはその名の数字を持っている者以外は、だれも、買うことも、売ることもできないようにした。ここに智恵がある。思慮ある者はその獣の数字を数えなさい。その数字は人間をさしているからである。その数字は六百六十六である。

――新約聖書：黙示録13章16――18節

全世界を統一支配しようとしているグループは、自分たちこそが世界を治める者であると考えています。しかも、自分たちを創造主の地位につけようとして、自分たち以外の人類は皆すべて獣として扱い、「６６６」の刻印を受けさせ、自分たちが世界を自由に支配しようと計画しています。

そして、その「666」の刻印がない者には、自由に物資を需要供給できないようにしていく計画があります。しかし、「666」の数字こそ、人類の想念の基本のバイブレーションを表わす数字であり、獣ではなく、まさに「人類」を指しているのです。

これからは、創造主の代わりに全世界を統一支配しようとするいくつかのグループや反キリスト者（イエス・キリストが再臨されるまで、イエス・キリストに敵対する勢力）が現われるようになります。彼らは、コンピュータに、全世界の人類を強制的に個人別に番号をつけて登録させ（個人情報の番号化＝日本国民の住民基本台帳ネットの導入）、流通する商品の登録化をさせ（バーコードを導入して商品を管理し、世界の流通機構を支配する）、コンピュータを使って人類の想念のバイブレーションを操作しながら人類を巧みに洗脳し、人類の思考や行動を自由自在に支配し操るように企てるのです。

そして、意図的に人類の意識のバイブレーションを下げ、創造主から人類を遠ざけようとして、人類が、意識の進化覚醒ができないようにマインド・コントロールを行ない、人類をロボット化していく計画です。

大艱難辛苦の時代が訪れる

人類の意識の進化覚醒が進まない限り、この地球上にはいまだかつてない大艱難辛苦の時代が来ます。

地球規模の自然災害や異常気象が起き、それによって必然的に農作物が不作になり、食糧危機が死活問題となり、さらに世界的な経済問題へと発展します。大艱難時代は7年間続くと言われ、すでに今人類は艱難時代の前半に入っています。前半の3年半の艱難時代には、ＥＵ（欧州連合）統合が行われ、世界的に政治経済がいったん立て直され、一度は偽《にせ》の平和が訪れますが、この平和は長くは続きません。

そして、後半の3年半の艱難時代は、地球人類にとっていまだかつてなかったような苦しみの時期となります。洪水、干ばつ、地震、火山の噴火、台風（ハリケーン、サイクロン）の大型化など、世界的規模の自然災害や異常気象、事故などの大惨事が多発し、人類は大量に生命を失っていきます。

また、世界の株式市場を巻き込む金融大恐慌が起き、貨幣経済が破綻していきます。さらに、中性子爆弾、核兵器、気象調節兵器（集中豪雨やハリケーンなどを人工的に起こす）、生物化学兵器（インフルエンザ・ウイルスや結核、エボラ熱などのウイルスや菌を世界中に拡散させる）などの大量破壊兵器が開発され、第三次世界大戦（世界最終戦争、ハルマゲドンの戦い）が勃発し、それが核ミサイルなどによる核戦争へと進展して、世界各国の原子力発電所が標的にされます。

どうすれば人類は意識の進化覚醒ができるか

今までの6回の地球文明の興亡は、「水」、つまり「洪水」によるものでした。特に「ノアの大洪水」の時は、火星の水が地球に降ってきて地球に溢れ、地球が大洪水になったと言われています。

太陽系の中で、火星は地球と環境が最もよく似た惑星だと言われています。太古の時代の火星は、現在よりもずっと温暖湿潤な気候で、火星の表面には大量の水が流れていました。それが、突然の地殻変動などによって、大量の水が一挙に加熱されて大洪水になり、火星の表面に留まりきれずにあふれ出た水が地球に流れ、ノアの洪水が発生したのです。

一方、第七周期においては、文明の移り変わりの転機となるのは、人類が自分たちでつくった核、原子力などの「火」、「洪火」によるものとなります。

ですから、悪の支配を受けてマインド・コントロールをされないよう、自分たちの心をしっかりと守らなければなりません。

何度も申し上げているように、人類が意識の進化覚醒をするためには、宇宙の原点であり、本流である創造主イエス・キリストを知る必要があります。

イエス・キリストを知るためには、聖書を知らなければなりません。聖書は「光の書」であり「宇宙の書」です。聖書は、キリスト教の単なる聖典ではありません。

なぜなら、聖書には、宇宙の誕生時からのすべての宇宙の真理が、そして、人類の過去、現在、未来永劫にわたる壮大な宇宙の事実がすでに書かれているからです。この地上の学問的知識で聖書を理解しようとするならば、それは表面的な言葉の解釈にすぎず、聖書の奥深くに書かれた真実を理解することは不可能です。

聖書を真に理解するためには、キリスト教会にあるような聖堂も聖餐《せいさん》式もいりません。そのような形骸《けいがい》化したものは全く必要がありません。人類がもう一度宇宙の原点に立ち返り、人類は、創造主の分霊を持っている聖なる宮であることを充分に理解すること、それだけです。

聖書の御言葉には、人類の意識が進化覚醒するための特別なバイブレーションがあります。なぜなら、宇宙万物は、「光があれ」という創造主の「御言葉」によって創造されたからです。

創造主の御言葉には、創造性を生む特別なバイブレーションがあるのです。創造性を生む特別なバイブレーションとは、人類の利己的、否定的、破壊的な意識が、すべて創造へ向かって利他的、肯定的、建設的な意識へと変換されるということです。その創造性を生む創造主の御言葉を視覚化したものが聖書です。

そして、聖書の「御言葉」の発する特別なバイブレーションによって、人類のＤＮＡ（遺伝子）が活性化する働きがあり、ＤＮＡ（遺伝子）が活性化すれば、細胞内のフォトンが増え、人類は光に満たされるのです。光に満たされれば、人類の意識は進化覚醒されます。

人類は創造主イエス・キリストによって創造されたということを、人類がいつも忘れないように、人類の顔には、器官を用いてはっきりと顕現されています。

目は創造主、鼻は聖霊、口はイエス・キリストを象徴しています。なぜ顔に象徴されているかというと、顔は人間の最上部であり、「頭=かしら」である頭部に存在しているからです。つまり、創造主イエス・キリストは万物の頭《かしら》であり、宇宙の最高の権威を持っているということを象徴しているのです。

まず最初に、目は、光のエネルギーによって脳に画像を映し出すという素晴らしい仕組みを持っています。目は「光」によって構成されていて、目は光そのものです。ですから、目は「創造主」のことを象徴しているのです。

次に、創造主は鼻に「いのちの息」を吹き込まれて、物質を人類に創造しました。「いのちの息」とは、万物は永遠に進化し、無限性を持つという創造主の聖なる意識である「聖霊」を象徴しています。

最後に、創造主は、「光があれ」と言って万物を創造しました。つまり、創造主の口から出る「言霊《ことだま》」には、創造性があるのです。創造主イエス・キリストは、「言霊」を用いてあらゆるものを創造し、万物を支配しています。従って、「口」は「イエス・キリスト」を象徴しているのです。

ちなみに、右耳は父親、左耳は母親を表わし、宇宙の真理に耳を傾けなさいということを象徴しています。

人類が真に意識の進化覚醒をした時に、はじめて「第三の目」と呼ばれる「松果体」から創造主の光、宇宙エネルギーが入り、松果体で受け取った光は、脳下垂体を通して人体の各細部へと送りこまれていきます。

そして、ＤＮＡ（遺伝子）はフォトン＝光を構成する働きがあるので、光によって活性化したＤＮＡ（遺伝子）によって細胞内のフォトンが充電され、人類はより光に満たされるのです。

第7章
因縁を背負い続ける偽《にせ》のユダヤ人

数字は物質のルーツであり、物質は数字からはじまる

前にも述べましたように、原子は陽子、中性子、電子から構成されています。そして、陽子は、proton（プロトン＝ギリシャ語で“最初の”という意味）と呼ばれ、すべての物質は、原子を構成する陽子から始まっていて、陽子の「数」によって物質の種類が決まります。

つまり、数字は、この地球上のすべて物質のルーツ（根源、大元）であり、時間、日付（年月日）、単位（長さ、重さ、量など）など、地球上の物質はすべて数字によって表わされているのです。

物質を構成する原子の種類、すなわち元素は、原子記号（26のアルファベット）と陽子の数（数字）によって表わされ、元素によって地球上のすべての物質が表わされています。つまり、26のアルファベットと数字（数霊《かずたま》）によって

できている原子の組み合わせによって、あらゆる物質の種類を表わしているのです。

物質は、その形態を変えて、つまり原子構造を変えて流転します。換言すれば、物質を構成する原子そのものは形態を変えて存在しますが、物質そのものは永久に存続しません。原子は無限性を持っていますが、物質は、その形態がいつかはなくなってしまうという有限性を持っています。

宇宙万物を創造する創造力を持っているのは、日本語の「五十音」であり、その日本語の「五十音」によってすべてのものが創造されました。しかし、創造された物質は、必然的に消滅するので、有限を現わすアルファベットが用いられているのです。ですから、アルファベットを用いる国、アメリカは物質文明の象徴なのです。

偽《にせ》のユダヤ人の台頭と「イスラエル」

もともとアメリカは、旧約時代のアダムとエバの二人の息子の弟アベルの子孫であり、「アシュケナジーユダヤ人」と呼ばれている偽《にせ》のユダヤ人の子孫です。

偽のユダヤ人であるアシュケナジーユダヤ人が、一般的に「ユダヤ人」と言われています。

西暦70年にエルサレムがローマ帝国に滅ぼされた直後、偽のユダヤ人たちは、体《てい》よく地下に潜りました。これが、世界的な地下政府組織のはじまりです。

偽のユダヤ人たちは、キリスト教会の内部に上手く潜入し、自分たちの勢力拡大のために、また全世界を手中に治めようと、狡猾な手段でキリスト教会を組織化し、聖書から「宇宙の真理」を抹殺し、キリスト教会を内部から破壊していきました。彼らは、キリスト教会を自分達の隠れ蓑《みの》として上手く利用していったのです。

西暦392年、ローマ帝国はキリスト教を国教としましたが、キリスト教とはあくまでも名ばかりで、その教義は形式的でイエス・キリストの真の教えがなく、現在に至っています。

偽のユダヤ人たちが、「イエス・キリスト」を「キリスト教」という宗教の教主に祀り上げ、まるで「キリスト教」の象徴のように地球の人類を洗脳してしまったのです。

あなたがたは、あなたがたの父である悪魔から出た者であって、あなたがたの父の欲望を成し遂げたいと願っているのです。悪魔は初めから人殺しであり、真理に立ってはいません。彼のうちには真理がないからです。彼が偽りを言うときは、自分にふさわしい話し方をしているのです。なぜなら、彼は偽り者であり、また偽りの父であるからです。

――新約聖書：ヨハネの福音書8章44節

偽のユダヤ人たちは、表面上は、創造主に従順であるかのように見えますが、実は心の中は悪に満ちており、真理が一つもありません。彼らは、イエス・キリストの名を巧みに使って人々を洗脳する「偽善者」であり、「悪魔」です。

偽のユダヤ人たちは、世界の市場の金利（公定歩合）を操作し、世界中の財産を手中に収めています。そして、偽のユダヤ人の地下政府組織の中枢であるアメリカは、石油確保という戦略のもとに、本当のユダヤ人であるパレスチナ人、アラブ人の土地を奪い取り、世界中から財貨を集めてすべてイスラエルに送り、20世紀に「イスラエル」国を再建し、偽のユダヤ人国家を維持しているのです。

一方、パレスチナの土地を追われて現在難民となっているパレスチナ人やアラブ諸国の人々と日本人は、アダムとエバの二人の息子の兄カインの子孫であり、「ステファラディーユダヤ人」と呼ばれている本当のユダヤ人です。そのため、パレスチナ人やアラブ諸国の人々は非常に日本に惹かれており、親日感情を抱いています。

「イスラエル」とは、本来「神に選ばれた民」という意味ですが、偽のユダヤ人であるアシュケナジーユダヤ人は、自分たちこそが神に特別に選ばれた民族であるという選民思想を勝手にでっちあげ、「自分たちだけが人間で、自分たち以外の民族はすべて獣《けもの》であり、自分たちが世界を支配するべきである」と信じているのです。

従って、偽のユダヤ人たちは、アメリカをはじめロシア、ヨーロッパなど、世界に離散している偽のユダヤ人たちを統合し、やがて全世界を統括支配し、自分たちの手中に治めようという企みのもとに地下政府組織を持っています。そしてその中枢はアメリカで、アメリカは物質世界の象徴です。

因縁を背負いつづける偽のユダヤ人

偽のユダヤ人たちは、自分たちの心が創造主に反していること、真理がない偽善者であることをイエス・キリストに見抜かれ、指摘されたために、イエス・キリストを憎みました。

また、偽のユダヤ人たちは、自分たちこそが全世界を支配する者であると信じていたために、イエス・キリストが世界の救世主であることを拒否し、無罪であるイエス・キリストを十字架にかけました。

高慢な彼らは、イエス・キリストが流した血の責任は、自分たちや自分たちの子孫にかかってもよいと誓い、イエスを十字架にかけた因縁を自ら背負ったのです。ですから、その後、その誓いの如く、偽のユダヤ人たちは世界に離散したり、ドイツ・ナチスのアウシュビッツの強制収容所で大量虐殺されたりして、大変悲惨で困難極まる状況下に置かれたのです。

しかしながら、イエス・キリストを十字架にかけた因縁は、まだこれからも続きます。なぜなら、聖書の預言通り、イエス・キリストがこの地上に再臨し、イエス・キリストを十字架にかけた偽のユダヤ人たちもまたこの地上に転生し、再びイエス・キリストの姿を見るからです。

そして、十字架にかけた偽のユダヤ人たちの子孫は、イエス・キリストの再臨した姿を見て、皆自分たちの犯した罪の重大さを悔い入り、嘆き苦しむのです。再臨したイエスの手や足には、十字架にはりつけにされた時の、釘を打ち付けられた傷跡がはっきりと刻まれています。

その日、わたしは、エルサレムに攻めて来るすべての国々を探して滅ぼそう。わたしは、ダビデの家とエルサレムの住民の上に、恵みと哀願の霊を注ぐ。彼らは、自分たちが突き刺した者、わたしを仰ぎ見、ひとり子を失って嘆くように、その者のために嘆き、初子を失って激しく泣くように、その者のために激しく泣く。

——旧約聖書：ゼカリア書12章9—10節

偽のユダヤ人たちの企み

偽のユダヤ人たちは、憎むべきイエスが再臨する前にどうしても世界支配を完了させたいと思っています。ですから、地下政府組織の中枢があるアメリカが中心となって、世界の政治、経済、金融、マスコミ、映画界、法曹界（司法官、弁護士の世界）などのあらゆる分野を支配し、人類を自分たちの思うままに自由にマインド・コントロールしようとしています。

特に、本当のユダヤ人である日本人の精神を堕落させようと、食物や衣類など豊かすぎるほどの様々な物質を過剰に供給することによって、日本人を物質主義、快楽主義に陥らせようとしています。

また、心や精神面を抜きにした学問的な勉強ばかりが優先され、名誉欲ばかりを煽《あお》る学校教育により、日本人は人間性を喪失しつつあります。これらはすべて、物質世界ばかりに日本人の目を向けさせ、精神世界、つまり宇宙の真理から日本人を遠ざけようとする偽のユダヤ人の計画です。

医療体制や病院経営を守るための医療制度

古来より日本は東洋医学が主流で、予防医学を重んじる自然治癒療法が主体でした。明治時代以降、ドイツ医学が主流となりましたが、そのドイツ医学にも自然治癒療法が含まれていました。ドイツは、太古の日本の超高度文明が、5色人を通して世界でいちはやく伝播された国だったので、様々な発明や優秀な技術が生み出され、日本の次に高度な科学や文明が存在していました。

しかしながら、第二次世界大戦後、アメリカ医学が日本に導入されるようになり、日本の医療からは自然治癒療法が消え、投薬治療と手術が主流となってしまいました。

アメリカ医学は、偽のユダヤ人による医学です。その結果、日本の医療は、人命を助け、身体を癒す医療ではなくなり、医療体制や病院経営を維持していくための医療が主となっていて、人間の命の尊厳が損なわれ、まさに人間は家畜のように扱われるようになってしまったのです。

人類の魂は永遠で、無限に存在する

偽のユダヤ人であるアシュケナジーユダヤ人たちは、物質中心主義で、精神世界を決して顧みようとはしません。要するに、この地球を物質世界につくり上げ、人類から「宇宙の真理」を抹殺してしまい、人類の意識の進化覚醒を妨げることが目的なのです。

人類の魂は永遠で、無限に存在します。そして、永遠の生命を持つ魂は、転生輪廻をくり返しながら、魂の向上進化をしていきます。しかしながら、現代の物質文明においては、人類はやがては死んで消滅するもの、人間の生を有限のものであるとしてしまい、人類が生きる目的を見失い、堕落するように洗脳しています。

アメリカは物質世界の象徴であり、陰陽の二元論から見れば陰であり、女であり、外見上は物質文明の頂点を極めているように見せていますが、実は虚構であり、中身は空で、全く本質がありません。ですから、物質世界は、有為転変の如く、いつかは必ず消えてなくなるのです。

26文字のアルファベット（原子記号）と数字（陽子の数）だけで構成されている物質には、言霊《ことだま》（言葉には霊、意識があり、言霊を持つ言語は日本語だけである）がないので、創造主とのつながりを持てず、そのため物質に内在するフォトン（宇宙エネルギー）が次第に減少して、やがては消滅してしまうのです。ですから、言霊を持たない言語を使う物質世界、つまり物質世界の象徴であるアメリカの存在は、有限でいつかは必ず衰退していきます。

第8章
ＵＦＯの存在と目的

宇宙やＵＦＯに関しての間違った概念

宇宙やＵＦＯについても様々な情報操作が行なわれて、事実とは明らかに異なった、間違った情報に洗脳されていて、多くの人類が宇宙の真実を知らされていないのが現状です。

一例を挙げると、「宇宙戦争」という映画があります。この映画では、火星人が地球に来襲してきて地球がパニックになります。しかし、宇宙人が地球を攻撃するということは決してありません。これは、明らかに、人類に恐怖心を与え、人類を自由に支配するための、マスコミを使った偽のユダヤ人の情報操作です。

宇宙の惑星には、確実に人類が存在していて、地球人類とは比類がないくらいに「宇宙の真理」をよく理解しており、他の惑星には、地球よりはるかに高度な文明が存在しています。宇宙において、平和が保てず戦争が存在するのは唯一地球だけで、いかに地球人類の意識レベルが低く、意識が進化覚醒されていないかということを物語っています。

また、ＵＦＯにも様々な種類があります。地球でつくられた地球製のＵＦＯもありますが、惑星間を飛行するＵＦＯや異次元間を飛行するＵＦＯなどもあります。イエスがこの地球上に誕生した時も、モーセが紅海を二つに分けた時も、その上空にはＵＦＯが飛来していました。なぜなら、人類の想像を超えるほどの超高度文明を持った宇宙人が、ＵＦＯに乗って、絶えず地球人類を見守っていたからです。偽のユダヤ人たちの情報操作によって宇宙の真理が隠蔽されているので、人類は宇宙のことに関して全くの無知であり、宇宙の偽情報にすっかり洗脳されてしまっています。

偽のユダヤ人は、自分たち以外の人類をすべて獣とみなし、暗黒の足かせで縛りつけているために、人類の思考の領域は、三次元的、地上的な狭義的知識の範囲内にしか達していません。

従って、人類は、今まで人類に隠されてきた「宇宙の真理」を一日も早く知り、既成の概念や古い考えを棄て去って、多次元的、宇宙的視野に立って広く物事を思考するべきであることに気づくことが必要です。

太陽暦には12惑星の存在が刻み込まれている

現代の人間は、地球の限られた知識しか持っていないため、この地球という枠を超えて三次元以外の世界を垣間見ることもなく、他の惑星に人類がいることすら知りません。

宇宙の真理がいままで封印されていたので、人類の視野が非常に狭められたことは仕方がないことですが、地球以外の他の惑星にも人類が存在することは明白な事実です。

なぜなら、地球上の1週間の暦には日（太陽）、月、火（火星）、水（水星）、木（木星）、金（金星）、土（土星）の太陽系の惑星がしっかりと刻み込まれているからです。

太陽系は、9個の惑星から成り立っていると一般に言われています。その9個のうち、最近、冥王星が太陽系の惑星からはずされることになりましたが、実は、太陽系は12の惑星から成り立っているのです。これが本当の事実であり、絶対に動かしがたい宇宙の真理です。なぜなら、太陽系の惑星は「12」であるということが、地球の太陽暦にしっかりと刻まれているからです。1年は12ヶ月であるという「12」の数字に太陽系の12惑星の存在が顕現されているのです。

また、太陽と12の惑星は、人間の脳とそこから出る12対の脳神経を表わしています。つまり、太陽に相当するのが脳で、12惑星に相当するのが12対の脳神経です。

太陽系の12惑星は、太陽を通してエネルギーをもらって活性化していますが、人間の脳は太陽と同じ働きで、意識を通して精神活動を行なっていて、脳からの12対の脳神経を通して身体の各器官に司令を与え、活性化させます。

東洋医学的には、12惑星は、人間の身体全体を流れる12経絡を表わしていて、人間の7つのチャクラから出るエネルギーの流れる経路となっています。

そして、太陽と12惑星は、創造主イエス・キリストとその12人の弟子をも表わしています。

このように、「宇宙の真理」は地球の様々な事象に表わされているのです。

意識も魂も不滅であり、永遠に進化していく

人類は、肉体が滅びても、意識（霊）も魂も永遠に滅びません（霊魂不滅の法則）。

物質である肉体は滅びますが、肉体が滅びる時に、意識（霊）も魂も瞬時に肉体から分離し、3秒間のうちに各自のバイブレーション（意識の進化の覚醒度）によって太陽系の他の惑星に生まれ変わります（転生）。

意識（霊）も魂も決して永遠に滅びることはなく、人類は太陽系の惑星間を

生まれ変わるのです。

しかし、多くの地球人類が、肉体が誕生するたびに、それに合わせて新たに魂がつくりだされるものと考え、肉体が滅びるたびに意識（霊）も魂も消滅するものであると信じ込んでいます。

しかし、意識には前世の記録がすべて刻まれており、意識に刻まれた記録は永遠に消えることはありません。そして、魂も絶対に消滅することはなく、何度も生まれ変わります。このことを、しっかりと認識するべきです。

多くの人が、生まれ変わり（転生）と霊魂不滅を信じられないのは、地上に生まれ変わる時に、人類の意識が物質世界の低い地球のバイブレーションに覆われて低下し、前世の記録が思い出せないようにプログラムされているからです。

人類は、生まれ変わり（転生）と霊魂不滅の法則、すなわち肉体は何度も太陽系の惑星間を生まれ変わるが、意識（霊）も魂も決して消滅することはない、という法則に従って、永遠に進化していく無限の存在です。

これらの法則性を地球上で唯一実証したのは、イエス・キリストだけです。

イエス・キリストは死を滅ぼし、福音によって、いのちと不滅を明らかに示されました。

——新約聖書：テモテへの手紙第2　1章10節

イエスは、磔刑後（十字架にはりつけにされること）、3日目に意識体（霊体）でこの地球上に復活されたことによって、生まれ変わり（転生）と霊魂不滅の法則を、ご自分のからだをもって実証されたのです。

イエスは彼らに答えて言われた。「この神殿をこわしてみなさい。わたしは、3日でそれを建てよう。」そこで、ユダヤ人たちは言った。「この神殿は建てるのに46年かかりました。あなたはそれを、3日で建てるのですか。」しかし、イエスはご自分のからだの神殿のことを言われたのである。それで、イエスが死人の中からよみがえられたとき、弟子たちは、イエスがこのように言われたことを思い起こして、聖書とイエスが言われたことばとを信じた。

――新約聖書：ヨハネの福音書２章19――22節

宇宙も永遠に進化していく無限の存在

宇宙は無限であり、永遠に進化していく存在です。

なぜなら、宇宙の万物を構成する一つひとつの原子の粒子に、宇宙は進化し、無限であるという創造主の意識がはたらいているからです。ですから、たとえ物質の形態が流動的に変化しても、その本質、つまり原子は変わることなく、進化するために無限に存在するのです。

また、イエス・キリストがこの地球上で行なったあらゆる奇跡は、イエス・

キリストが、人類の想像をはるかに超えた、非常に高度に進化した宇宙人であること、また地球以外の他の惑星に人類が存在することを自ら実証しています。イエス・キリストは、自らの生き方を通して、人類は、地球的な狭い観点で物事を考えるのではなく、宇宙的視野で広く物事を考えるべきであることを人類に教えています。

だれも天に上った者はいません。しかし天から下った者はいます。すなわち人の子です。

——新約聖書：ヨハネの福音書3章13節

この地球上の物質世界では、イエス・キリストがご自分のからだをもって説かれた人類の生まれ変わり（転生）と霊魂不滅の法則、そして地球以外の太陽系の惑星に人類が存在するという宇宙の真理は、現在に至るまで徹底的に歪《わい》曲《きょく》され、隠蔽され続けています。従って、地球人類は、宇宙に関する誤った観念に囚われてしまっているので、意識の進化覚醒が特に遅れているのです。

まことに、まことに、あなたに告げます。わたしたちは、知っていることを話し、見たことをあかししているのに、あなたがたは、わたしたちのあかしを受け入れません。あなたがたは、私が地上のことを話したとき、信じないくらいなら、天上のことを話したとて、どうして信じるでしょう。

——新約聖書：ヨハネの福音書3章11——12節

ＵＦＯが地球に飛来する理由

太陽系の惑星においては、地球が一番進化が遅れていて、好戦的です。従って、太陽系で唯一地球だけに戦争が存在します。

他の惑星の人類は、地球人類よりもはるかに意識レベルが進化しているので、地球のように石油や原子力といった人工的なエネルギーを使うことなく、宇宙エネルギーを用いてあらゆることを行なっています。

たとえば、宇宙船（ＵＦＯ）を自由に操作し、他の惑星や銀河系まで飛行したりしています。また、地球を心配して見回りのためにスカウトシップという2～3人乗りの小型偵察機を地球に飛ばしたりしています。そして、地球人類よりもはるかに高度な科学の法則性、つまり宇宙の真理を理解しているので、自分自身で身体の甦生や再生をしたりする能力があります。

人間の肉眼でＵＦＯを見ることもできますが、雲によって隠されている場合が多いので、ほとんど見ることはできません。雲には、宇宙と地球人類との間を取り持つはたらきがあり、地球とは大きく次元の違った、つまり高次元の宇宙のものを地球に降ろす時には、地球人類の目をまぎらわすために、雲によって隠す必要性があるのです。

つまり、高次元の宇宙のことを、地球人類に直接提示できるほどに地球人類の意識が進化していないので、雲によってカモフラージュされているということです。

もし、意識が進化していない地球人類が直接宇宙の高次元のものを見たならば、高次元の世界に対して無知であるがために、いくら直視しても信じられずに、あまりの驚きのためにパニックに陥ってしまいかねません。

創造主イエス・キリストが弟子たちに語った時、イエス・キリストの姿は光のように変容し、光輝く雲が現われて弟子たちを取り巻き、その雲の中から語られました。また、弟子たちの前でイエスが宇宙に上がって行かれる時には、雲に包まれて上がっていかれました。

従って、雲は、宇宙の高次元世界のものと地球との大きな次元の開きを上手くカモフラージュするものであり、雲がこの地球上に様々な事象を起こす要因となっているのです。

テレポーテーションと宇宙旅行

他の惑星の人類は、宇宙や人類を創造した創造主と常に一体化しているという意識、つまり「宇宙意識」と「愛」と「叡智（創造主＝宇宙の智恵）」を兼ね備えています。

また、地球の人類と違って、非常に意識レベルが高度に進化しているので、瞬間移動（テレポーテーション）や惑星間を自由に行き来できるという能力を持っています。

宇宙旅行へ行こうとか、他の惑星に住もうという計画が地球上でもごく当たり前のように取り上げられ、具体的にそれらにかかる金銭的費用が提示されて話題になっていますが、決してそんなに簡単なことではありません。

まず、地球人が他の惑星を訪問したいなら、訪問先に着く前にその惑星の新しい環境に慣れる必要があります。他の惑星にも大気がありますが、振動数や周波数が地球と違ってとても高くなっています。ですから、到着した時に大気の違いをまったく感じないように、新しい環境に順応できるようにしなければなりません。加えて、他の惑星の高い振動数や周波数に適応するためには、地球人類の意識レベルをもっともっと高めなければなりません。

地球人類が宇宙旅行をし、他の惑星に住もうと簡単に考えることは、「宇宙の真理」について地球人類があまりに無知であることの愚かさと浅はかさの表われなのです。多額のお金を出しさえすれば、人類の夢が単純に叶うというものではありません。

第9章

あらゆる文明の源流は日本にある

日本は無限である精神世界の象徴

人類の文明は、今まで6回も興亡をくり返してきましたが、古代文明はいずれも高度な精神文明でした。

そうしたなかで、日本は地球人類の最初の誕生地であり、日本人は人類の祖となっています。また、日本は世界の中心であり、あらゆる文明の発祥の地でもあります。古代日本には、超高度の精神文明が隆盛していたのです。そして、日本語が世界共通語として使われていたのです。

その意味で、日本は無限である精神世界の象徴です。

(1) 日本語の「五十音」には言霊《ことだま》がある

日本語の「五十音」には、言霊《ことだま》があります。言霊とは、言葉に特別な霊力があるという意味で、その特別な霊力とは、日本語の「五十音」には創造主の意識＝霊が宿っているということです。それと同時に、日本語の「五十音」には「宇宙の真理」が含まれており、日本語の「五十音」によって精神世界（意識の世界）ができています。

（２）日本語の「五十音」には偉大な「宇宙の真理」が隠蔽されている

本来、日本語は「四十七音」からなっているのですが、ア行の「イ」「エ」がヤ行に、「ウ」がワ行に重複しているために「五十音」となっています。

実は、この「イ」「エ」「ウ」は、イエス・キリストの「イエス」のことで（「ウ」は「スゥ」となる）、「五十音」全体の中に、「イエスは咎《とが》無くて死す（イエスは罪がなくて死んだ＝罪なきイエスが十字架上での死を遂げた）」という偉大な真理が隠されているのです。

（３）日本語の「五十音」は創造主の永遠性、無限性を象徴している

「五十音」は、「ア」から始まり「ン」で終わっていますが、これはギリシャ

語では「アルファ（はじまり）」と「オメガ（おわり）」に相当します。「最初であり最後である」ということは、過去、現在、未来にわたって、創造主は未来永劫に存在することを意味し、創造主の永遠性、無限性を象徴しています。

これは神である主、今いまし、昔いまし、後に来られる方、万物の支配者がこう言われる。「私はアルファであり、オメガである。」

——新約聖書：黙示録1章8節

「ア」から始まり「ン」で終わっている「五十音」には、「アーメン（まことに、確かに）」というヘブライ語の言葉が隠されています。「創造主は、確かに永遠性、無限性を持つ存在であり、創造主はまことに宇宙の真理そのものである」ということを、「アーメン」という言葉に顕現しているのです。

（4）日本語の「五十音」には創造性及び創造力がある

宇宙万物すべてに「創造主の光」である「宇宙エネルギー」が存在し、その「エネルギー」が動くときには「振動＝バイブレーション」が発生します。

創造主が、「光あれ」と「五十音」を発して、宇宙万物を創造しました。「五十音」を発音することによって、宇宙エネルギーが動いて特別なバイブレーションが生まれ、その特別なバイブレーションによって宇宙万物が創造されました。

ですから、日本語の「五十音」には、宇宙エネルギーを動かす特別なバイブレーションがあり、そのバイブレーションには、創造性及び創造力があるのです。

日本語の「五十音」を言葉に出して言う、つまり発音することにより、創造主の意識である言霊が宇宙に響き、その作用の結果として、人類の意識が固定的、閉鎖的、三次元的な観念を脱し、宇宙的、飛躍的、創造的へと進化していくのです。

（5）日本語の「五十音」には人類のDNA（遺伝子）を活性化する作用がある

日本語の五十音の響きの中には、人間の体細胞の中のDNA（遺伝子）を活性化するすばらしい働きがあります。

DNA（遺伝子）には、フォトンを構成する遺伝子があるので、人類の意識を積極的に創造主に向け、創造主との一体性を保つことによってDNA（遺伝子）が活性化されます。そして、物質内のフォトン（光の微粒子）が増え、創造主の光が人類の肉体にも意識体（霊体）にも増すことになります。

世界の民族の祖である、5色人という太古の地球の人類のDNA（遺伝子）を日本人は持っているので、太古の宇宙の高度文明の叡智と知識、そして「宇宙の真理」を生まれながらにして具《そな》え持っています。特別なDNA（遺伝子）を持つ日本人は、世界の民族の中でも賢くて器用さを持つ民族であると言われているゆえんです。

その日本人の叡智と知識、「宇宙の真理」は、太古より世界中の人類が求めて止まないものでした。そのため、日本は「ジパング（黄金の国）」「日出ずる国」と、世界の人類が東方憧憬の念を強めていたのです。

一方、当の日本人そのものは、日本の偉大さ、尊さをまだ知らされていませんでした。けれども、21世紀を迎え、とうとう日本人が「宇宙の真理」を知る時が到来しました。

日本人は、日本語の「五十音」を正しく使って話せば話すほど、DNA（遺伝子）が活性化され、日本人が本来持っている叡智と知識をより発揮できるようになります。日本語を正しく用いることにより、素晴らしい日本人の特性が生かされ、日本人が世界を変革し、愛と光に満ち溢れた世界を創造することができるのです。

（6）日本語は世界の原語であり、太古の時代は世界共通語だった

創造主の意識（霊）、つまり言霊が存在する日本語の「五十音」は、人類の想像をはるかに超えた宇宙の超高度文明の「宇宙語」です。

太古の時代、その宇宙の超高度文明が地球に真っ先に降りてきた場所が日本でした。そして、日本を中心に世界人類の祖である5色人から世界中に様々な人種が誕生し、それとともに日本の超高度文明も世界中に伝播されました。太古の時代は、日本語の「五十音」が世界の原語であり、世界共通語だったのです。

（7）日本語が「アラム語」へ変容し、さらに「ヘブライ語」へと変容した

太古の時代、世界共通語だった日本語の「五十音」が、文字の形を変えて、メソポタミア（アッシリア）では「アラム語」として、またシリア、パレスチナ（今のイラン、イラクが存在するあたり）では「ヘブライ語」へと変容していきました。

「アラム語」も「ヘブライ語」も兄弟言語で、同じ文字を使います。アラム・ヘブライ文字は、ともに「日本語の五十音」が語源となっているので、アラム・ヘブライ文字と日本の「五十音」には非常に類似性があります。

一般には、日本語はヘブライ語ととてもよく似ているので、日本語の語源はヘブライ語だと言われていますが、事実は逆なのです。太古の時代の世界共通語だった日本語が、文明の興亡とともに、文字の形が変わって「アラム語」「ヘブライ語」となり、それが平安時代初期に再び日本へ伝えられたのです。

「アラム語」の発祥の地であるアッシリアの地域内には、バベルの塔やノアの箱舟が漂着したアララト山があります。ここはまた、アブラハムの誕生の地でもあり、古代イスラエル民族の10部族が離散した地でもあります。また、アッシリアは、聖書の主要な舞台となっていて、聖書に非常に関係の深い国です。そして、世界で最も早くキリスト教を受け入れた地域で、アッシリアを中心に世界にキリスト教が伝播されていったのです。

(8)「アラム語」は古代東方世界の共通語だった

「アラム語」は、古代の東方世界の共通語であり、アッシリア帝国のあとの一世を風靡《ふうび》したバビロン帝国でもアラム語が話されていました。また、バビロン帝国に捕囚された古代イスラエル人たちもアラム語を話し、その後の時代も古代イスラエル人の多くはアラム語を話していました。そのため、イエス・キリストもアラム語を話していたのです。

天を見上げ、深く嘆息して、その人に「エパタ」すなわち、「開け」と言われた。

——新約聖書：マルコの福音書7章34節

イエス・キリストが言われた「エパタ」（「開け」の意味）はアラム語です。

「アバ、父よ。あなたにおできにならないことはありません。」

——新約聖書：マルコの福音書14章36節

「アバ」はアラム語で「父」という意味です。

（9）アッシリアは世界最古の高度文明を構築していた

日本語の「五十音」とともに太古の日本の超高度文明がアッシリアに伝わり、アッシリアでは、世界最初のガラス、レンズの発明、世界で最初の図書館の創設、医学、天文学、美術、数学、工学的技術、天文学など、あらゆる分野において高度な文明が興りました。

文明の推移により、数多くの渡来人たちが、高度文明を携えて古代の日本にやって来ました。渡来人のうち、ほとんどがアッシリア人であり、彼らはアッシリア地方にいた諸民族、つまり北イスラエル王国の失われた10部族の古代イスラエル人たちだったのです。

（10）「アラム語」が再び日本語の「かな」「カタカナ」に変容した

平安時代初期、アッシリアから日本に来た渡来人たち（景教徒＝アッシリア東方キリスト教徒）によって、「アラム語」が文字の形を変え、再び「かな」「カタカナ」として日本に伝えられました。

そのため、日本語にはアラム語に起源を持つ言葉がたくさんあります。太古の時代に世界の共通語だった「日本語」が、やっとその源流である日本に帰ってきたのです。

平安時代、都が奈良から京都へ遷都され、日本への渡来人であった景教徒の秦氏が中心になって平安京が建てられました。日本の「平安京」と「エルサレム」とは、意味が同じです。「エルサレム」とは「平安の都」「平和の都」という意味のアラム語です。

また、「奈良」はアラム語で「川」という意味です。奈良文化は、大和川、吉野川、飛鳥川などの川の流域にできた文化なので、奈良は、アラム語で「川」を表わしているのです。「日本語」と「アラム語」の語源的な結びつきがあることが、はっきりとわかります。

平安時代の初期から、日本語のひらがな及びカタカナが使われるようになりましたが、一般にはいずれも漢字から作られたものだと言われています。しかし、これは事実ではありません。日本語の語源について、重要な事実が隠蔽されてしまっているのです。ですから、いまだに日本語の系統は明確になっていないのです。

第10章

書き換えられた古代日本の歴史

古代日本の歴史は書き換えられている

西暦645年、日本では神道派と仏教派の争いがあり、仏教派の蘇我稲目によって朝廷の大切な図書館が放火され、日本で最古の書とされる古事記や日本書紀よりも以前の古文書、古記録が全焼してしまいました。

記紀（古事記、日本書紀）より以前に「宇宙の真理」が記されている書物がたくさんあったのですが、蘇我稲目は、「宇宙の真理」を隠蔽し、その真理の波及を阻止するために、それらの貴重な書物をすべて焼却してしまったのです。ですから、記紀は日本最古の書物ではありません。

この朝廷図書館が焼失したことによって、太古の超高度文明を持っていた日本の記録をはじめ、日本語の語源や太古の時代からの天皇制の存在や太陽信仰（唯一神信仰だった古代日本神道）など、すべての事実が隠蔽されてしまいました。蘇我氏は、仏教を主流とした文明に日本の歴史を塗り替え、日本の真の過去を葬り去ってしまったのです。

また、神道だった日本には、仏像をつくったり、仏像を置いたり、その偶像を拝む風習は一切ありませんでした。ところが、蘇我稲目が、日本に仏教を取り入れ、崇物、つまり偶像崇拝という制度を確立させ、仏教を国教化してしまったのです。

記紀の編纂においても、その編纂責任者であった藤原不比等が編纂に手を加え、内容を書き換えたりすりかえたりして、仏教派が権力を握るために日本の歴史の捏造を行ないました。

そして、仏教僧・道慈によって、本来は神道派だった聖徳太子が「仏教の聖人」に祀りあげられ、聖徳太子の「十七条の憲法」も書き換えられ、日本人の意識を仏教だけに向けさせるように仕向けたのです。

蘇我稲目や藤原不比等が日本に仏教を広めたのは、あくまで名目上のことに過ぎません。彼らの本当のねらいは、日本の皇室とユダヤの関係、つまり日本人とユダヤ人の融合の事実と、古来より日本にある「宇宙の真理」を隠蔽することだったのです。

蘇我稲目と物部守屋の対立は、日本への仏教の受容をめぐっての対立だったとされていますが、実は単なる宗教論争ではありません。「宇宙の真理」を封印し、仏教という名のもとに、日本に偶像崇拝を擁立させた蘇我稲目に反抗して、唯一排仏派である物部守屋が、「宇宙の真理」が隠蔽されることを恐れて仏像を徹底的に破壊したのです。物部守屋は、旧約時代のモーセのように真理の側に立つ勇気ある人でした。モーセも、偶像崇拝に染まったイスラエル民族の前で、バール神（偶像）を徹底的に破壊したからです。


仏教には「宇宙の真理」がないため、目に見えない精神世界の教えが大きく欠落しています。そこには、この地球上の目に見える三次元的な教えしかありません。

その結果、仏教を日本の宗教としていった日本は「宇宙の真理」を見失ってしまいました。そうして、創造主を離れていった日本人は、次第に物質主義に陥り、真の意識の覚醒、進化がなくなっていきました。その結果、こんにちでは、高度に進化した文化がなくなりつつあります。また、日本人の高い精神性が著しく堕落し、人間性を喪失し、日本人の意識レベルが低下しつつあります。

物質世界の象徴であるアメリカの企み

アメリカには、偽のユダヤ人の地下政府組織の中枢がありますが、偽のユダヤ人たちも、全世界を支配し、手中に収めるために、太古の日本の超高度文明の歴史や記録を抹殺し、日本語が世界で最古の語源であり、世界の共通語だったという重要な事実を隠蔽しました。そして、英語を世界の共通語にしてしまったのです。

第二次世界大戦後、アメリカのＧＨＱ教育が日本に入り、アメリカの文化を強制的に模倣させられ、日本文化や伝統の良さが根絶やしにされました。以来、日本人の精神性が次第に堕落し、意識レベルが低くなってしまいました。素晴らしく高い精神性を持つ日本人の意識レベルを、アメリカは計画的に低下させ、日本人を堕落させたのです。

彼らのねらいは、アメリカの象徴である物質世界を世界に蔓延させ、地球人類の意識の進化覚醒を妨げ、宇宙の真理を地球から抹殺させることだったのです。

聖書が暗号化されて編纂されている理由

コンピュータ化が進んだ現在になって、およそ三千年前に書かれた聖書には、過去、未来のことがすべて暗号化されていることが、学者たちによって解明されています。聖書の中の暗号を解読するには、コンピュータが必要であり、このことは、コンピュータが発達する今の時代に暗号が解読されるように設定されていたことを示しています。つまり、あらゆる時代の科学や文明をすべて覆《くつがえ》す内容なので、今の時代まで封印する必要性があったのです。

もうひとつ、今の時代まで封印が解かれなかった理由は、人類の意識の覚醒度が進んでいなかったからです。人類の意識が進化していないために、宇宙の真理が開示されても、人類にその真理の真髄を聞き入れるための心の準備ができていなかったのです。

そのため、イエス・キリストが一生懸命に「宇宙の真理」を説いても、人類は受け入れることができませんでした。イエス・キリストがこの地球上で真理を説かれるには、まだ時期が早かったようです。

しかし、このわたしは真理を話しているために、あなたがたはわたしを信じません。

――新約聖書：ヨハネの福音書8章45節

三千年前に聖書が暗号化されて編纂されていたということは、いかに創造主イエス・キリストが人類の想像を超えるほどの、高度に進化した宇宙人であるかを物語っています。聖書を編纂したイエスの弟子たちも、イエス・キリストからいかに高度な教えを受けたか、つまり特別な秘儀を伝授されたかということがわかります。

イエス・キリストは、真理を聞く準備ができていない一般大衆に対してと、イエスの12弟子との二通りに分けて教えました。一般大衆には、たとえ話で語り、弟子たちには真理の奥義を語り継ぎました。イエスから真理を伝授してもらった弟子たちは、その真理を聖書という形で書き遺し、さらに、封印が解かれる時に、イエス・キリストの教えがいかに偉大で高度な宇宙の真理の教えであったかを人類がわかるように、あえて暗号化したのです。

わたしが彼らにたとえで話すのは、彼らは見てはいるが見ず、聞いてはいるが聞かず、また、悟ることもしないからです。

——新約聖書：マタイの福音書13章13節

日本の皇室に存在する「宇宙の真理の奥義」

聖書の原典となる文献は、ローマのバチカン宮殿の地下に未公開のままに存在すると言われています。しかし、バチカン宮殿の地下に存在する聖典は擬装されたものであり、聖書の原典である唯一の文献の一部は、古代において喪失しています。

そして、その喪失した唯一の文献は、実は日本の天皇家に大切に保管され、隠されているのです。聖書の元となる聖典、宇宙の真理の原書「宇宙の真理の奥義」は、日本の皇室に確かに存在するのです。

「宇宙の真理の奥義」は、太古の日本の超高度文明時代の叡智の書であり、創造主の叡智の結集です。イエス・キリストの弟子たちによって聖書が編纂され、その聖書の中の宇宙の真理の封印がやがてはっきりと人類に解かれる時まで、あらゆる「宇宙の真理の奥義」は秘密とされてきました。その封印が解かれる時まで、その宇宙の真理を単純な象徴や記号にして人類の文化や生活の中に遺したのです。

聖書は、日本の皇室に存在する聖典「宇宙の真理の奥義」をもとに、ヘブライ語で編纂されたものです。従って、聖書を本当に理解するためには、裏に隠された「日本」の真実の姿を知ることが必要です。日本の文化、風習、言語や日本人の生活体系のあらゆるものを理解し、精通すること、そして、日本に遺されている象徴や記号の意味をよく理解することです。そうすることによってはじめて、イエス・キリストの説かれた宇宙の真理の教えの真意を理解することができるのです。

「日本」に象徴されている二元論

「日本」は、「二本」でもあります。つまり、「二本」は、「天と地」「裏と表」「陰と陽」「善と悪」「女と男」というように、この地球上の二元論を表わしています。そして、これらの二元が上手くバランスをとりながら存在することによって、地球人類は意識を覚醒し、進化することができます。一元だけでは、決して人類は進化することができません。

このように、日本には「表の顔」と「裏の顔」があるのですが、「裏の顔」は日本人ですら知らされていないのです。

また、二つのものを一つにするから日本（二本）とも言われています。つまり、日本は、天（ヤ）と地（マ）の二つを和の精神を持って統合（トウ）するから大和（ヤマト）と呼ばれているのです。「大和」とは、日本語ではなく

「アラム語」です。

日本は、宇宙の真理をこの地球の大地に降ろし、全世界にその真理を波及させ、地球人類を和合させる重要な使命を持つ国です。

「日本（大和）」は、太古の時代より唯一神信仰、つまり太陽信仰でした。太陽は、唯一神である創造主の象徴であり、それが唯一神信仰である古代日本神道となったのです。

ですから、現在の日本の国旗の日の丸は、太陽神である創造主を象徴しています。また、皇室の紋章になっている菊の花も、実はひまわりが菊に変化したもので、ひまわりは太陽を表わしており、太古より日本は太陽信仰であったことを顕現しています。

「神道」の語源は「宇宙の真の教え」

「神道＝シントウ」の「シン」は、「神（創造主）、光、真理」を意味し、「トウ」は「道、教え」を意味しています。従って、「神道」とは「神（創造主）の教え、光の教え、真理の教え」のことであり、「宇宙の真理の教え」という意味です。

太古の「日本（大和）」は「日の元」であり、マルコ・ポーロの「東方見聞録」の中では、日本は「ジパング（Zipangu＝黄金の国）」と呼ばれ、「東方憧憬」と言われるほどに世界の人々の憧憬の国でした。

中国の東の海中の島にあり、黄金に富むという意味が転化したものが「ジャパン」という語になったと一般に言われています（「広辞苑」より）。

しかし、本当は、日本が黄金に富んでいた島という意味ではなく、日本が地球で唯一「宇宙の創造主の光」が入り、「宇宙の真理」の発信地であるという意味だったのです。そして、日本は、「宇宙の真理」に満ち溢れた非常に精神性の高い優れた文化を持つ国であったので、世界中の人々が日本に注目し、その「宇宙の真理」を求めて止まなかったのが真実です。

「和の精神（大和心）」について

天皇は、「日本（大和）」の象徴であり、「和の精神」をもって世界を治めています。「和の精神（大和心）」とは、人類はともに同胞であるので、互いに愛し合うべきであるという和合の精神を意味しています。

そのため、天皇は世界人類の平和をひたすら祈り、今まで一度も武力や権力で国民に臨んだことは決してありません。なぜなら、天皇は非常に高度に進化した宇宙人、つまり創造主の直系の子孫だからです。

そうした理由によって、世界の中で最も長く続いているのが皇室であり、天皇の血脈の中には、創造主の愛と地球人類の真の平和を願う慈愛の特性が、今もなおしっかりと息づいています。

現在の神道は、多神教であり、仏教の影響を受けて偶像崇拝になってしまっていますが、日本の古代神道は、唯一神でした。聖徳太子は、仏教者ではなく、実は神道派で、日本古来の大和魂をもって「憲法十七条」をつくり、「和をもって尊しとなす」と、日本の古代神道の精神を顕現していました。

しかし、仏僧道慈と日本書紀の編纂者である藤原不比等によって、聖徳太子は、偉大な仏教の教主に祀りあげられてしまったのです。現在の日本人に伝えられている聖徳太子は、全くの虚像です。

世界で唯一、2度の原爆を体験した日本は、戦後一切戦争を放棄し、平和を愛する国民です。日本国憲法第9条の「不戦の誓い」も、もとは聖徳太子の「和をもって尊しとなす」の日本の古代神道の精神に基づいてつくられたものです。

日本の憲法の中には、「大和心」の和の精神がしっかりと息づいているのです。武力を行使せず、和合の精神をもって世界人類の平和を願う創造主の愛が象徴されています。従って、日本はこれから全世界を平和へと導くリーダーシップをとる国となります。

日本に「宇宙の真理」があり、日本が世界の中心である

地球がフォトンベルトに近づくにつれて、物質文明が終焉《しゅうえん》を迎え、現在、地球は精神文明に入ろうとしています。それに伴い、今まで隠蔽されていた宇宙の真理が公にされ、人類のものの考え方、価値観が今までと全く変わってきます。

太古より、日本以外の世界の人々は、日本に真理があることを知っている民族も多く、様々な国々の人々が日本に渡来しています。モーセや釈迦、イエス・キリストも渡来しました。

徐福は秦の皇帝の命を受け、不老不死の煎薬《せんやく》を求めて日本に渡来し、ドイツの医学者のシーボルトは日本を総合的に研究する必要があるというオランダの任務を受けて渡来しました。そして、フランシスコ・ザビエルはキリスト教を日本に伝来する使命（ザビエルが来る前にすでにキリスト教は伝来されていた）で日本に渡来しましたが、裏に隠された彼らの真の目的は、世界で唯一日本に隠されている「宇宙の真理」を学ぶためだったのです。

いくらこの地上の物質的（三次元的）なものを求めても、人類は決して幸福にはなれません。物質的なものを超越して、精神的世界、つまり「宇宙の真理」に到達してこそ真の人類の幸福があることを、日本に渡来した人々は十分に知っていたのです。

日本が世界の中心で、あらゆる文明の中心であり、人類の祖であり、古代日本においては宇宙の超高度文明が隆盛していたこと、そして、日本には精神文明の基盤となる「宇宙の真理」が隠蔽されていたことが、これから明らかになります。

そして、今まで人類が信じていた既成事実が覆《くつがえ》され、日本こそがこれから訪れる「宇宙文明」の中心となることを、世界中の人々がはっきりと認識するでしょう。

第11章

皇室の紋章が語る「宇宙の真理」

21世紀はあらゆる秘密の封印が解かれる時代

21世紀を迎えて、創造主の到来の時代、そして精神文明の時代に突入した今、すべての秘密の封印が解かれ、すべての真実が明らかにされる時が到来しました。

宇宙の真理を知るためには、真髄を知ること、それには聖書を、文字そのものの解釈に留めず、この地上的（三次元的、人間的）な視野の範疇を超えて、奥深くに隠されている象徴的な意味を解釈する必要があります。

なぜなら、聖書は、過去や未来における人類の壮大な歴史的行動がすべて記録されている偉大なる歴史的資料だからです。

聖書は、宇宙の真理を基に構成されているので、聖書を真に理解するには、太古よりこの地球上で唯一宇宙の真理が存在している日本の真実の姿を知ることが不可欠です。日本の真実の姿は、この地球上の様々な象徴や記号に隠されているのです。

象徴や記号に隠されている日本の真実の姿を知ること、つまり宇宙の真理を知ることによって、はじめて創造主イエス・キリストの真意が理解でき、創造主と人類が一体化し、人類の意識が高められ、宇宙意識に到達するのです。

宇宙の真理が象徴化、記号化された

日本の真実の姿を後世の人々に伝えるために、宇宙の真理は象徴や記号に隠されました。

そのなかで、非常に高度に進化した宇宙人が地球に降りたことを象徴化したものが天皇の存在です。そして、天皇が太陽神である創造主を信仰し、日本には宇宙の超高度文明が存在していたこと、またその高度な精神文明の基盤をなす「宇宙の真理」が日本に存在していたことを記号化したものが、世界の皇室や王室に伝わる紋章です。

記号化されたものはたくさんありますが、代表的なものは皇室の菊の紋（）です。それと、ダビデの星（六芒星✡）と丸に十字（⊕）の紋です。

この三つの記号に象徴された意味を理解すれば、日本の真実の姿がわかり、宇宙の真理が把握できるようになっています。

高度に進化した宇宙人を象徴化したものが天皇の存在

日本の皇室は、世界で最古であり、万世一系の天皇制は、太古より現在まで連綿と続いています。

非常に高度に進化した宇宙人が、最初に地球に降り立ったのは日本でした。ですから、その非常に貴重で偉大な宇宙の真実を守るために、また高度に進化した宇宙人のＤＮＡ（遺伝子）が含まれている血脈を守るために、太古より昭和天皇に至るまで、皇族という血縁関係の中だけで婚姻関係がくり返されてきたのです。

絶対に武力を行使することなく、平和的な解決の道を選んできた天皇の生き方の中には、世界人類の平和を基調とし、「和の精神」を持って問題を解決するという創造主の愛が完璧なまでに顕現されています。

皇室には、「祈りの部屋」という特別な部屋があり、天皇は毎日地球人類の平和のために祈っています。これは、まさに創造主が人類を愛する姿を象徴しています。

昭和天皇が、マッカーサー元帥の前で、「私の一身はどうなってもかまいません。どうか国民を助けてください」と言った話は、あまりにも有名です。

この時、欧米諸国の人々は昭和天皇の言葉に非常に驚いたそうです。自分を犠牲にしてでも国民を助けるという精神は、イエス・キリストが地球人類の罪のために磔刑にあった姿とぴったり重なります。マッカーサーは、天皇の言葉の中に創造主の特性を見たのです。

第二次世界大戦後、新しく日本に平和憲法がつくられましたが、戦争行為を一切放棄する第9条「不戦の誓い」が日本人によって草案されました。戦争を嫌い、平和を愛し、和の精神を持って解決するという日本人の伝統的な「和の精神」が、平和憲法の中においてもしっかりと顕現されています。

「菊の紋」は何を表わしているのか

地球には文明の周期があって、第一周期から第七周期まであり、現在の地球は第七周期の終わりに入っています。第一周期に太古の日本で隆盛した宇宙の高度文明が、幾度かにわたる文明の興亡を経て、現在の第七周期にオリエント（太陽の昇る地）に移され、現在の物質文明の発祥となりました。それが、オリエント文明（エジプト文明）です。エジプトのメンフィスにはたくさんのピ

ラミッドが建造されていますが、これはすべて宇宙の高度文明を象徴していま
す。

菊の紋は、日本の皇室を象徴し、記号化したものですが、その菊の紋章がエジプト、バビロニア、シュメールなどのオリエントで広く見つかっています。この菊の紋は、中近東のイラクからイスラエルにかけては王家の紋章であり、またイギリスやインドの王室でも見つかっています。

つまり、太古の日本の高度文明がオリエントをはじめとし、世界各地に伝播していったことが菊の紋に顕現されているのです。世界の王室や皇族は、古くから菊の紋を使っていて、そのルーツをたどってみると、それらはすべて日本にたどり着きます。

実は、「菊の紋」という呼び方は、日本独自のもので、本当は「ひまわり」を表わしています。イスラエルでは「ひまわり」のことを「聖なる花」と呼び、「ひまわり」は「太陽」を表わしていて、「太陽」は「創造主」を象徴していま

す。

世界の王室や皇族の紋をよく見みると、菊よりもむしろひまわりの形にとてもよく似ています。つまり、世界各国の王室や皇族に遺されている「ひまわり」の紋は、太古の日本の「太陽信仰」が伝播したものであり、太陽神である「創造主」を知っていたということを示唆しているのです。しかし、太陽信仰の発祥が日本であるという真実を、ある一定の時期まで隠さなければならなかったので、形を変えて「菊の紋」としたのです。

古代イスラエル人は高度に進化した宇宙人の直系の子孫

現在の物質文明（地球の第七周期）の始まりにも、高度に進化した宇宙人の血脈を持つ人類が再び地球に誕生しました。それがアブラハムであり、モーセであり、ともに創造主からの啓示が与えられた人たちで、古代イスラエル人の

偉大な指導者たちでした

「イスラエル」の語源は、「神から選ばれた民」という意味です。古代イスラエル民族は、太古の日本民族と同じように、創造主から特別に選ばれて地球に降りた、高度に進化した宇宙人の直系の子孫です。

従って、日本人も古代イスラエル民族もともに同じＤＮＡ（遺伝子）構造を持ち、宇宙の高度文明を持っていました。そのため、日本の文明と古代イスラエル文明は非常に類似性があるのです。

現在の物質文明（地球の第七周期）が誕生して以来、この地球上の多くの民族は多神教でした。しかし、アブラハムとその子孫である古代イスラエル民族は、他のあらゆる民族と違って太陽神であり、唯一神である創造主を信じる太陽信仰が中心でした。

アブラハムは、現在の物質文明において、人類の中で唯一はじめて創造主と語り、創造主との特別な約束（契約）を交わしました。それは、「創造主は、永遠にアブラハムとその子孫である古代イスラエル民族の神となり、創造主によって永遠の祝福が与えられる」という永遠の約束（契約）です。
また、モーセは創造主から「十戒」と呼ばれる「人類が守るべき大事な掟」を与えられました。

主はアブラムに仰せられた。「あなたは、あなたの生まれ故郷、あなたの父の家を出て、わたしが示す地へ行きなさい。そうすれば、わたしはあなたを大いなる国民とし、あなたを祝福し、あなたの名を大いなるものとしよう。あなたの名は祝福となる。あなたを祝福する者をわたしは祝福し、あなたをのろう者をわたしはのろう。地上のすべての民族は、あなたによって祝福される。

――旧約聖書：創世記12章1―3節

ダビデの星は何を象徴しているのか

古代イスラエル人たちは、ダビデ王の時にイスラエルの12部族からなる古代イスラエル王国を構築しました。のちに、創造主が人間の肉体を持ち、イエスという名前で地球上に誕生した時は、このダビデ王の直系の子孫として生まれたのです。

従って、古代イスラエル人たちは、「ダビデの星」（六芒星✡）という記号に、古代イスラエル人を象徴させています。

その古代イスラエルの「ダビデの星」は、日本の皇室のために建てられた伊勢神宮の参道わきの灯篭すべてに刻まれていますが、日本では、そのダビデの星（✡）を「籠目紋《カゴメ》」と呼んでいます。

このダビデの星（六芒星✡＝籠目紋《カゴメ》）の記号は、日本の皇室のルーツは古代イスラエル人、つまりアブラハムであり、またダビデ王の直系の子孫である創造主イエス・キリストであるということを示唆しています。つまり、日本人も古代イスラエル人もともに同じDNA（遺伝子）構造を持つ血脈が流れているということを示しているのです。

日本の神輿《みこし》は「モーセの契約の箱」を象徴している

BC8世紀、古代イスラエル王国は、北イスラエル王国の10部族と南ユダ王国の2部族に分裂しました。北イスラエル王国はBC722年にアッシリアに滅ぼされましたが、その後、補囚された北イスラエル王国の10部族の人たちの行方と運命がわからなくなり、歴史から忽然と姿を消してしまいました。

一方、南ユダ王国はBC586年にバビロン王国に滅ぼされました。

南ユダ王国がバビロン王国に滅ぼされる前に、創造主からの啓示によって預言者イザヤは「モーセの契約の箱（創造主がモーセに与えた十戒の啓示が入っている箱)」を南ユダ王国からこっそり運び出しました。

そして、南ユダ王国の預言者イザヤとその妻は、歴史から忽然と姿を消した北イスラエル王国の10部族とともに「モーセの契約の箱」を携え、日本に渡来したのです。彼らは、日本に「モーセの契約の箱」が存在することを日本の神《み》輿《こし》に象徴させて、その事実を隠してしまいました。

古代イスラエル人にとって「モーセの契約の箱」は、創造主が常に古代イスラエル人及びその子孫とともにあるという創造主の約束を思い起こさせる、最も重要なものでした。

モーセの時代につくられた「契約の箱」は、創造主と古代イスラエル人との契約の証しです。その「契約の箱」は、「ソロモン王の秘宝」「秘密のアーク」とも呼ばれ、日本では、「三種の神器」とも言われています。この「契約の箱」があれば、全世界の統率者になることができるということで、今も昔もあらゆる国々の人々が手中に入れようと探し回っているのです。

わたし、主は、義をもってあなたを召し、あなたの手を握り、あなたを見守り、あなたを民の契約とし、国々の光とする。

——旧約聖書：イザヤ書42章6節

この聖書の言葉からもわかるように、預言者イザヤは、その重要な「モーセの契約の箱」を、宇宙の真理の発信地であった日本に、長い年月をかけて運ぶ必要があったのです。

日本の童謡「かごめの歌」について

日本古来の童謡に「かごめの歌」があります。この唄の中に、「籠の中の鳥はいついつ出やる」という詞がありますが、これは、「モーセの契約の箱」がいつ出現するだろうか、という意味と、創造主イエス・キリストはいつこの地球上に再臨されるのだろうか、という二つの意味が隠されています。

21世紀を迎えて、創造主の御国である「千年王国」の到来も間近です。人類はその時がいつ来てもいいように心の準備をし、さらに意識の進化覚醒をしなくてはなりません。

相撲は創造主に対する熱心な信仰心の象徴

日本の国技である相撲の起源は、アブラハムの子の孫であるヤコブが天使と取っ組み合いをしたことに端を発するものです。

この取っ組み合いは、創造主の祝福をもっと受けたい、創造主から絶対に離れないというヤコブの熱心な信仰心による、天使との格闘でした。そうしたヤコブの創造主に対する熱烈な信仰心を、日本の相撲に象徴して遺したのです。

第12章
今、日本の秘密の封印が解かれる

イスラエル小国家の象徴「倭（ヤマト）」国の誕生

イザヤ夫妻とその一行は、海路をとって日本の淡路島に到着し、その地方一帯に古代イスラエル文化を勃興《ぼっこう》させました。

日本最古の書である「古事記」の中に、イザナギ、イザナミ夫妻の国生みの物語がありますが、このイザナギ、イザナミはまさにイザヤ夫妻のことを指しています。なぜなら、イザナギ、イザナミという言葉は日本語ではなく、アラム語（ヘブライ語）だからです。

北イスラエル王国の10部族たちは、長い年月をかけて西アジアや東アジアを経由しながら最終目的地である日本に来ました。

そして、日本の大和（奈良）を中心にイスラエル小国家を築き始めました。

それらの小国家は百余りに分かれていて、「倭（ワ）」と呼ばれていました。

その呼び方は紀元前7世紀後半まで続きましたが、あえて「倭（ヤマト）」と呼ばなかったのは、「ヤマト」がアラム語（ヘブライ語）だったからです。日本が古代イスラエル民族によって創建された国であることを隠蔽するために、あえて「ワ」と呼んだのです。

そして、BC660年、北イスラエル王国の10部族の出身である神武天皇が日本（倭国）の初代天皇となったとき、神武天皇は太古の日本の天皇制を復活させました。

神武天皇は、古代イスラエル人たちが、日本の天皇が高度に進化した宇宙人、つまり創造主の直系の子孫であるという宇宙の真理を知っていました。そして、地球誕生以来、日本は宇宙の高度文明が最初に降りた国であり、宇宙の真理が日本から世界に拡がったことも知っていたのです。

古代イスラエル人たちは、偉大で貴重な「宇宙の真理」の国を復興するために日本に渡来してきました。また、天皇は世界人類の祖であり、唯一創造主の直系の子孫ですから、必ず地球に創造主の象徴として天皇を存続させなければならなかったのです。そのため、同じ創造主の直系の子孫である古代イスラエル民族が、日本で天皇制を復活させたのです。

記紀（古事記、日本書紀）においては、初代天皇は神武天皇（ＢＣ６６０年に即位）で、その神武天皇がヤマトの国の創始者であると言われています。神武天皇は、アラム語（ヘブライ語）では「カム・ヤマト・イワレ・ビコ・スメラ・ミコト」と呼ばれていて、これは「サマリアの王、ヘブライ民族の創建者」という意味です。この事実一つとってみても、神武天皇が明らかに古代イスラエル民族の出身であることがわかります。

神武天皇の出身は、実は、北イスラエル王国の10部族の中心部族であったエフライム族という王家です。古代イスラエル民族も日本人も、ともに高度に進化した宇宙人である創造主の直系の子孫ですから、結局は両方の民族のルーツは同じということです。

日本の歴代の天皇は、突然に神武天皇からはじまっています。歴史学的に、なぜ日本の天皇は神武天皇から始まっているかというと、天皇家とユダヤ（古代イスラエル）が融合した起源を持つからです。

神武天皇以前、つまり地球創生以来、日本には連綿と歴代の天皇が存在していました。その事実が、仏教を国教としてしまった蘇我氏によって隠蔽されてしまったのです。

太陽神信仰である日本の古神道をさらに発展させた渡来人

最終目的地である日本をめざして、長い年月をかけ、広大な土地を巡り、奈良時代から平安時代にかけてようやく日本にたどり着いた北イスラエルの10部族の子孫たちは、「渡来人」と呼ばれました。

彼らは、秦氏（京都）、三木氏（徳島）、海部氏（徳島）、島津氏（鹿児島）

の四つの部族に分かれて日本に定住し、古代イスラエルの高度文明を日本に伝えました。

また、彼らは高度な土木や建築技術を持ち、巨大古墳の建設や河川の堤防工事、治水工事を行ないました。

なかでも秦氏は、優秀な技術力を結集し、京都に「平安京」をつくりました。「平安京」という名前の由来は、アラム語（ヘブライ語）の「イスラエルのエルサレム」で、「平安の都」という意味です。

秦氏は、景教（古代東方キリスト教＝太陽神信仰）を信奉していて、日本の神社の大半を創建し、「太陽神信仰＝太陽神である創造主の信仰」である古代キリスト教を、神社という形で遺しました。そして、日本に古くからある古神道（唯一神信仰＝太陽神信仰）をさらに発展させたのです。

しかし、秦氏によって日本にもたらされた太陽神信仰（唯一神である創造主を信仰する）は、飛鳥時代の仏教の国教化や江戸時代のキリシタン迫害などによって、次第に影を潜めていくことになりました。

「八坂神社」と「稲荷神社」は何を象徴しているのか

秦氏は、日本の神社の創建に深く関わり、「八坂神社」と「稲荷神社」を全国に創建しました。日本の神社の中で一番多いのが「八坂神社」ですが、この「八坂神社」の「八坂」は「イヤサカ＝神を讃える」というアラム語（ヘブライ語）が転訛したものです。

また、神社の中で二番目に多いのが「稲荷神社」ですが、この「稲荷神社」の「稲荷」も「ＩＮＲＹ＝ユダヤ人の王、ナザレのイエス」というアラム語（ヘブライ語）が「イナリ」となったものです。

ですから、日本の文化に広く浸透している「八坂神社」も「稲荷神社」も、ともに「創造主であるイエス・キリスト」を讃えたものであり、「創造主への信仰」を象徴しているのです。

神社の赤い鳥居は古代イスラエル王国の12部族を表徴

神社の入口には「赤い（朱色）鳥居」がありますが、この形式は中国や韓国にはなく、日本にだけ存在します。現在の鳥居の多くは、二本の柱と横木から成り立っていますが、同様に、古代イスラエルの神殿の入口にも左右に二本の柱が立っています。古代イスラエル人たちは、日本の神社の鳥居にも古代イスラエルの文化を遺したのです。

また、鳥居の赤い色（朱色）は、化学式で言うと元素の「12族」にあたります。従って、「赤い（朱色の）鳥居」は、古代イスラエル王国の12部族を象徴しているのです。

「12」という数字は、古代イスラエル民族にとって非常に大切な数字でした。なぜなら、古代イスラエル民族は12部族から成り立っていたからです。そのため、秦氏は「12」という数字にこだわり続けたのです。秦氏は、神社の鳥居の朱色の中に古代イスラエル民族の足跡をしっかり遺したのです。

もう一つ、とても重要なのが、「日の丸」の赤い丸と同様に、赤い鳥居は、イエス・キリストが十字架上で流された人類の罪の贖《あがな》いの血を象徴していることです。

秦氏は、日本の古神道（太陽神信仰）を復活させただけでなく、日本の文化や養蚕業などの産業にも貢献し、天皇制の復活にも貢献し、奈良時代から平安時代にかけて、日本のかな文字を復元させました。漢字は、もともと仏教徒によって古代中国から日本に輸入されたものであり、日本には太古の時代より日本語の「かな五十音」が存在していました。

また、勤勉、忠節、清潔好きなど、日本の伝統の多くは実は秦氏のもたらしたものだったのです。

シルクロードは太古の日本の超高度文明が伝播した道

古代イスラエル人たちは、悠久の時を越え、シルクロードを通って、大変な困難と苦難に打ち勝って、ようやく自分たちの「真理の故郷」である日本に戻って来ました。

一般に、シルクロードとは「絹の道」の意味で、中国の特産品であった絹が中央アジアを縦断し、東西の交通路となっているこの道を通って世界へもたらされたと言われています。

しかし、実はシルクロードは、太古の日本の超高度文明が世界へ拡がった道であり、そのシルクロードを通して、太古の日本の高度文明がまた日本に戻ってきたのです。

主の宮の内庭に連れて行った。すると、主の宮の本堂の入口の玄関と祭壇との間に25人ばかりの人がおり、かれらは主の宮の本堂に背を向けて、東のほうの太陽を拝んでいた。

——旧約聖書：エゼキエル書8章16節

日本の童謡「とうりゃんせ」に隠された意味

日本古来の童謡に「とうりゃんせ」という歌があります。これは、古代イスラエル部族が長い年月と多くの苦難を乗り越えて、再び日本に来たことを歌っているものです。

この歌の中の「天神さまの細道」とは、「イスラエルの神殿」のことを指しています。そして、「行きはよいよい、帰りは恐い」とは、古代日本からイスラエルに向かって人類が移動する時は楽な道のりであるが、イスラエルから日本に帰る時は困難や苦難が多いということを意味しているのです。

絹（カイコ）はタンパク質（プロティン）を象徴している

太古の日本は養蚕業の発祥の地で、その伝統と文化を後世に継承するために、皇室内では伝統的にカイコが飼われています。

日本に渡来した古代イスラエル人も、日本で養蚕業を復興させ、日本から世界中に輸出していました。

では、なぜカイコを飼うことに固執するのでしょうか。それは、タンパク質が生命の素であり、非常に大切だからです。カイコには、タンパク質が大量に含まれています。ですから、タンパク質が人類の大切な生命の素であることをカイコによって象徴していたのです。

タンパク質は、英語ではProtein（プロティン）と言い、ギリシャ語では「Proteios＝第一に大事なもの」と言います。日本語のタンパクの語源は、卵白という意味で、事実、卵は黄身よりも卵白のほうがタンパク質が多いのです。

高度な精神性を持つ日本人は、太古の時代よりカイコを飼うことを通して、タンパク質が人間の生体の中で最も大切であることを十分に知っていたのです。

第13章

超古代文明の発祥地は鹿児島だった

島津家の紋章は太古の超高度文明時代、日本の国旗だった

宇宙の超高度文明が隆盛していた太古の日本、つまり神武天皇以前の国旗は⊕で、これは島津家の紋章と全く同じです。

人類の想像をはるかに超えた非常に高度に進化した宇宙人、つまり創造主の直系の子孫が地球に最初に降りたのは、日本の鹿児島でした。そこから、宇宙の超高度文明や宇宙の真理が世界へと拡がっていったのです。とても重要なその宇宙の真実は、島津家の紋章⊕にしっかりと記号化されています。

⊕の紋章は、イギリスの古代王朝時代であるケルト族（5世紀頃までヨーロッパの大部分を支配していた民族）の国旗としても使われていました。このことは、太古の日本の超高度文明が世界へ向けて拡がっていったことを意味しています。

神武天皇が即位して、ヤマトの国の創建者となってからは、国旗に⊕が使用されなくなりましたが、神武天皇は、人類の壮大な過去、未来を見通していて、ある時期が訪れるまで日本に存在する宇宙の真実を隠蔽する必要性があると考え、太古の日本の国旗を変えたのです。

しかし、日本以外の諸外国の人々は、日本に宇宙の真理があることを知っていました。従って、島津家に宇宙の真理が存在することを知っていた徐福も、フランシスコ・ザビエルもシーボルトも、その宇宙の真理を探し求めてわざわざ島津家まで来たのです。

ソロモン王の秘宝、財宝が鹿児島にもたらされた

では、なぜ島津家はその紋章を⊕としたのでしょうか。

それは、渡来人（古代イスラエル部族の子孫）である島津氏が、古代イスラ

エルからソロモン王（世界の中で一斉を風靡《ふうび》し、栄華を極めた王）の秘宝、財宝とともに、古代イスラエルの高度文明と宇宙の真理を、鹿児島に持ってきたからです。

つまり、島津家の紋章が㊉ということは、古代日本の超高度文明が古代イスラエルに推移し、古代イスラエルの高度文明が再び日本の鹿児島に戻って来たということを物語っているのです。

古代イスラエル人であった島津氏は、創造主の叡智を持って、人類の壮大な過去も未来もすべて知っていました。そして、古代イスラエル人も日本人もともに創造主の直系の子孫であること、太古の時代の日本では、鹿児島が超高度文明の中心であり宇宙の真理の中心であったことも知っていました。

さらに、未来において再び鹿児島から宇宙文明が再興し、鹿児島を中心に宇宙の真理が全世界へ向けて拡がり、日本が再び宇宙の真理の国として復活し、創造主が再来することをすべて理解していたのです。ですから、太古の時代の日本の国旗㊉を島津家の紋章としたのです。

島津家の㊉の紋章は、太古の日本の超高度文明の復活、宇宙の真理の波及、創造主の再来（千年王国の到来）を象徴しているのです。

しかし、島津氏もまた、長い間これらの宇宙の真実を隠蔽していました。島津家の紋章が㊉（Cross in Circle）になったのは、江戸時代になってからです。それまでは十文字の紋章＋（Cross）だけでした。

文永11年（1274年）と弘安4年（1281年）、2度にわたる蒙古襲来がありましたが、その時、島津氏が率いる薩摩の武士達は、島津家の十文字の紋章のついた旗を先頭に蒙古軍の船を攻撃しました。2度とも、蒙古軍は神風と言われる暴風に遭い、大損害を被《こうむ》って撤退しました。島津家の十文字の紋章の旗は、まさに創造主の象徴です。創造主とともに在る者は、いかなる困難からも守られるのです。

日本の伝統的な精神文明を守るために、それまで隠蔽していた宇宙の真実、つまり日本には太古から宇宙の高度文明があり宇宙の真理があったということを世界に知らせるために、江戸時代から、あえて太古の日本の国旗と同じ⊕（Cross in Circle）へと島津家は紋章を変えました。〇は宇宙を表わし、十文字は宇宙と地球をつなぎ、人類と人類をつなぐ創造主イエス・キリストを表わしています。

紋章の＋（Cross）に〇（Circle）を付け加えたということは、鹿児島から再び宇宙の高度文明及び宇宙の真理が世界へ向けて発信されるということを象徴しています。

景教とは宇宙の真理のこと

飛鳥時代以降になると、渡来人といわれる古代イスラエル民族の子孫の人たちが日本の京都や奈良に渡来しました。一般に、京都や奈良は仏教の都という概念がありますが、当時は多くの渡来人で満ち溢れていたのです。世界中の人々が集まる都として、異国的情緒が漂っていました。そして、渡来人が持ってきた「景教」と言われる東方基督教的思想が拡がり、自由で華やかな高度文明が生み出されていたのです。

景教、つまり東方基督教とは、実は現在のキリスト教的思想ではなく、創造主が地球人類に啓示した宇宙の真理のことです。キリスト教を伝来したと言われているフランシスコ・ザビエルが来る前から、景教を伝えた渡来人が来る前から、そして仏教が伝来される前から、皇室をはじめ、日本の民衆の間には、「太陽神信仰」、つまり創造主の教えである「宇宙の真理」が浸透していたのです。

聖徳太子がつくった「十七条の憲法」の真意

聖徳太子は、仏教徒ではありません。渡来人である秦氏とは親交が篤《あつ》く、秦氏の景教、つまり宇宙の真理の教えの影響を受けて、日本最初の憲法「十七条の憲法」がつくられたのです。

「十七条の憲法」は、決して仏教的思想をもとにできたものではなく、その根底には「日本人」と「外国人」とを分け隔てすることなく、人類どうし、ともに融合し愛し合っていくという、創造主の特性が顕現されていて、聖徳太子が創造主の叡智と「和」の精神によってつくったものなのです。

神社や寺は昔キリスト教会だった

古来の日本の文化の中に、いかに宇宙の真理が浸透していたかが日本各地で見られます。日本の至るところに、昔はキリスト教会だったものが今は神社や寺になっているところが存在します。

迫害に遭い、処刑された多くのクリスチャンの魂を鎮魂させるため、刑場が神社や寺になっているケースも多いようです。なぜなら、十字架とわからないように、十字架を上手く組み合わせた寺の卍のマークの中にその事実が隠蔽されているからです。

聖書を基に「古事記」も「日本書紀」も編纂された

記紀神話と聖書を対比させると、記紀神話における瓊瓊杵《ニニギ》は聖書におけるヤコブであり、山幸彦《ヤマサチヒコ》はエフライム、鸕鶿草葺不合《ウガヤフキアエズ》（＝神武天皇の父）はヨシュアと、名前は違っても驚くべき対応関係があり、物語の内容もあまりに似通っています。

これは、日本に古代イスラエル人が渡来し、古代イスラエル民族の高度文明が日本にもたらされてから、宇宙の真実を遺すために、聖書をもとに「古事記」も「日本書紀」も編纂されたからです。

その後、古事記や日本書紀はいろいろと改竄《かいざん》され、本当の真実がかなり抜き取られ、また書き換えられていますが、いくら固有名詞を変えても物語の骨子までは変えられなかったようです。

古代イスラエル人が日本に渡来し、日本とユダヤの文化や伝統が融合したのですが、日本におけるユダヤの起源を隠蔽するために、「古事記」や「日本書紀」が記されたのです。つまり、古事記が表で、聖書が裏なのです。

また、各地の神社の言い伝えや儀式の中には、聖書を思わせるようなものが多く、「平家物語」など日本の伝説伝承は、聖書を基に編纂されたものです。

日本の伝統的文化であるとされている茶道も、渡来人の秦氏がキリスト教式の聖餐式《せいさんしき》（創造主を思い起こし、崇めること）を茶道の中に隠したものです。

また、日本の正月に神仏に供える「鏡餅」は、聖書の中に出てくる「種入れぬパン」のことです。古代イスラエル人たちの祖先たちが、長年捕囚されていたエジプトを脱出した記念とした祭りを「過ぎ越しの祭り」と言い、農耕的祭儀として「種入れぬパン」の祭りがあり、日本の鏡餅は、その「種入れぬパン」を象徴しているのです。

中江藤樹（江戸時代の儒学者）も、俳句の名人として知られる松尾芭蕉も、実は隠れキリシタンと言われていて、ともに徳の篤《あつ》い人たちで、聖書を探究し、宇宙の真理を知っていた人たちです。

このように、日本の伝統や文化には、あらゆるところに創造主の教えである聖書を中心とした宇宙の真理が浸透していました。しかし、日本に仏教が導入されたことによって、また日本のキリシタン迫害によって、過去における日本の宇宙の真理が書かれていた古文書や記録書が焼失し、日本の歴史的遺跡などが破壊されてしまいました。その結果、日本の過去には、まるで宇宙の真理が存在していなかったかのように、その事実や歴史が抹殺され、隠蔽されてしまったのです。

記紀神話の「天孫降臨」が象徴するもの

日本の記紀（古事記、日本書紀）神話では、天から神が天降《あまくだ》ることを「天孫降臨」と表現していますが、ここで言う「神」とは宇宙人のことを指し、宇宙から非常に進化した宇宙人が地球に降りることを意味しています。

また、記紀神話では瓊瓊杵尊《ニニギノミコト》は天照大神の孫であるとされていますが、天照大神は「太陽神」の象徴であり、太陽神は「創造主」のことです。その天照大神から出た瓊瓊杵尊は、創造主の直系の子孫であることを示しています。

「ニニギ」は、日本の古語で「実り多い」という意味で、創造主の直系の子孫が天皇となって天皇制が存続され、日本の天皇が太古の時代の世界を治め、世界は繁栄していたことを象徴しています。

神武天皇以前の太古の日本の歴代の天皇については、あらゆることが隠蔽されていますが、唯一、記紀神話の天孫降臨の部分だけが、太古の日本の天皇制のことを示唆しています。

天皇の陵墓の多くは、主に大和、河内、摂津、及び丹波、山城に点在しています。つまり、古代イスラエル人たちが日本に渡来して、大和を中心にヤマトの国をつくり、天皇制を復活させたのです。

天孫降臨の地は鹿児島だった

記紀神話において、霧島に天孫降臨したのは瓊瓊杵尊《ニニギノミコト》（陵墓は薩摩）で、その息子は山幸彦《やまさちひこ》（陵墓は日向）、そして山幸彦の息子が鸕鷀草葺不合《ウガヤフキアエズ》（神武天皇の父、陵墓は大隅）と続きます。

瓊瓊杵尊、山幸彦、鸕鷀草葺不合の親子三代にわたる神話は、非常に高度に進化した宇宙人、つまり創造主の直系の子孫たちを象徴しています。

天孫降臨の地及び3人の陵墓がある地域を調べてみると、霧島、日向（現在の宮崎)、薩摩、大隅と、日向を除いてすべて鹿児島です。つまり、非常に高度に進化した宇宙人は、日本の鹿児島に最初に降りたことを示しているのです。

1840年代に、薩摩藩は開国・通商を求めるアメリカやフランス、イギリスなどの諸外国から激しい圧力をかけられ、島津斉彬《なりあきら》は日本の中でいち早く文明の近代化に踏み切りました。

一方、幕府や他の藩は、軍事力を強化することによって諸外国の圧力を防ごうとしました。しかし、島津斉彬は、日本の文明をより高めれば人々は豊かな心で暮らせるようになり、幕府や藩といった枠にとらわれることなく、日本人が和合し一致団結すれば、日本全体を生まれ変わらせることができるだろうと考えたのです。

そのため、島津斉彬は決して軍事力を用いることなく、太古より培われてきた「和」の精神によって太古の日本の高度文明を再興し、日本文明の近代化をはかりました。そして、日本の精神文明を守り、諸外国の物質文明との融合を防いだのです。

「和」の精神は、創造主の特性であり、日本の歴代の天皇も古代イスラエル王国のダビデ王も「和」の精神を非常に重んじてきました。

島津斉彬による「集成館事業」

太古の時代に宇宙から降りた高度文明と古代イスラエル文明が鹿児島で融合し、日本の中でいち早く、非常にスケールの大きい近代化産業が１８５１年に復興しました。

それは、島津斉彬による「集成館事業」です。製鉄、造船、造砲、紡績、機械、印刷、出版、教育、製薬、精糖、ガラス、レンズ、ガス、医療など、様々な分野にわたるもので、驚くほど優れた技術力を発揮しました。

島津氏は、渡来人、つまり古代イスラエル人であり、日本に帰化した一族です。

日本人も古代イスラエル人も、ともに高度文明を持ち、有能で、器用で優秀な技術力を持っていました。なぜなら、他の民族とＤＮＡ（遺伝子）構造が違っていて、日本人と古代イスラエル人のＤＮＡ（遺伝子）の中には、非常に進化した高次元の宇宙のＤＮＡ（遺伝子）が存在するからです。宇宙の開発技術やＩＴ技術を開発したのも、光ファイバーを開発したのも、すべて日本人です。

大嘗祭《だいじょうさい》の「麁服《あらたえ》」が甑島《こしきじま》で織られていた

皇室の大嘗祭《だいじょうさい》に欠かすことができないのが、麁服《あらたえ》という大麻から織られた麻布の着物です。渡来人である徳島県の木屋平村の「三木家」だけでこの麁服がつくられていたと言われていますが、実は、最初は島津家の命を受けて鹿児島県の甑島《こしきじま》で織られていたのです。

「甑島」の「甑」とは、大きなせいろのことで、麻を蒸す器のことです。また、天皇の皇子、皇女出産の時のまじないとして御殿の棟から甑を落とす「甑倒し」という行事が皇室に存在し、甑島と天皇家とは深い縁《ゆかり》があります。

鹿児島は地球の天孫降臨の地であり、創造主の直系の子孫である天皇家を永劫にわたって存続させるために、島津家は、鹿児島からしっかりと天皇家を支え、守る必要があったのです。

紅《べに》ガラス（薩摩切子《きりこ》）の製造

島津斉彬は、殖産興業の一環としてガラスに注目しました。そして、ガラスの製造を発展させた結果、大規模なガラス工場も建設され、「薩摩切子《きりこ》」という美術工芸品を生み出しました。また、高度な技術が必要とされる紅《べに》ガラスの製造にも成功しました。当時の日本では、紅ガラスは鹿児島でしかつくることができませんでした。

では、なぜそれほどまでして島津氏は紅色にこだわったのでしょうか。

前にも述べましたように、赤は化学式で言うと元素の「12族」にあたり、「12族」の「12」は古代イスラエル民族の12部族を意味しているからです。ですから、古代イスラエル人にとって「12」という数字は、古代イスラエル民族を思い起こすためにとても貴重だったのです。

島津家は高度な精神性を持った文明を培っていた

島津斉彬は、曽祖父である重豪《しげひで》の影響を強く受けています。重豪は、薩摩藩士の文武修行の場として、「造士館」「演武館」「医学院」、また天文暦学の研究所として「明時館（天文館）」をつくり、天文観測を行なっていました。その天文観測所の名残として、鹿児島市内の繁華街は現在も「天文館」と呼ばれています。

また、重豪は語学、歴史、農業、生物などの様々な種類の書物を編纂しました。いずれにおいても、他の藩には類を見ないほど高度な精神性を持った文明を培っていたのです。人間の精神性を高めるための倫理的、道徳的な教えが、薩摩藩の基盤をなしていました。

「日の丸」の創案

島津斉彬は、「日の丸」の国旗の創案者です。斉彬は、日本の舟と外国の船を区別するために、日本の総船印として、日の丸を掲げるように幕府に提案し、島津斉彬の日の丸のデザインが１８５４年に正式に日の丸旗に制定されました。彼は、それほど日本という国に固執し、世界の他の国々と日本とを明確に分けて考えていました。

日の丸には、日本が「日の元」「日出ずる国」であり、宇宙の真理が唯一存在する国であるという真実が隠されています。日の丸は太陽神、つまり創造主を象徴し、日の丸の赤い色は、人類を創造し、その責任をとって十字架にかけられた創造主の贖《あがな》いの血を象徴し、日の丸以外の白い部分は創造主の愛を象徴しています。

島津斉彬は、やがてその宇宙の真理の光が、日本から全世界へ向けて照らされていくということを日の丸に象徴化させたのです。

「君が代」の創案

平成11年（1999年）に国旗、国歌法が成立し、「君が代」が正式に国歌になりました。

実は、この「君が代」も鹿児島が発祥の地です。

「君が代」の歌詞は、古くは古今和歌集（古今集）で使われていて、鹿児島では古くから士族の間で愛唱されており、鹿児島に古来より伝わる「神舞《かみまい》」という独特の神舞踊の中の「12人の剣舞」にも「君が代」が歌いこまれていました。

幕末、日本の軍楽隊の発祥となった鹿児島軍楽伝習所で、外国の軍艦が来航する際、答礼の儀式で国旗、国歌が必要ではないかという機運が海軍関係者の間で高まり、薩摩琵琶の「蓬莱山」から歌詞をとって「君が代」とすることが決められ、国歌制定に向かって動き出しました。その後、幾度か編曲が行なわれ、現在の国歌「君が代」に至っています。

「君が代」の君とは、天皇のことを意味しています。つまり、「君が代」とは、天皇家が永劫にわたって代々存続することができるようにとの願いをこめてつくられた歌なのです。

武士（サムライ）の精神

日本の文明は進歩し、今や世界の先進国となっていますが、その文明の基礎となっているのは日本の武士の精神（武士道）です。武士は「サムライ」とも言いますが、サムライという言葉は、実はアラム語（ヘブライ語）です。その語源は、古代イスラエル人の北イスラエル王国が存在する首都サマリアという地名です。つまり、「サマリア」が「サムライ」に転訛したのです。

北イスラエル王国がアッシリア帝国によって滅ぼされるまで、サマリアの戦士たちはアッシリアの強硬な攻撃にも屈することなく、サマリアの城壁の中に立てこもり、征服されるまで3年間も頑張り、堅固なまでに持ちこたえました。

日本の精神文明の規範となす「武士道」の源流は、サマリアの戦士たちの類を見ない強靭《きょうじん》な精神力と忍耐力でした。日本の武士道の源流となっているのは、古代イスラエル民族の精神文明だったのです。

義、勇、仁、誠、礼、忠義、克己は、倫理道徳的な島津家の教えの基となっています。そして、「武士道」とは、戦わないで平和を維持することであり、これは太古の日本人の伝統的精神である「和」の精神と全く同じです。

明治維新の本当の意味

島津斉彬が病死した後、斉彬の意志は西郷隆盛や大久保利通らの多くの家臣たちに受け継がれました。武士道の精神をもって、彼らの手によって明治維新が成し遂げられ、日本は近代国家に生まれ変わったのですが、明治維新の本当の意味は、諸外国の圧力から日本を守り、太古より日本に存在する高度文明と宇宙の真理を守るためでした。そして、それまでの、朝廷や幕府を中心とした政府ではなく、あくまでも天皇を中心とする政府を樹立することが目的だったのです。

西郷隆盛や大久保利通らは、藩や幕府という狭い枠にとらわれることなく、天皇を中心にして日本人が和合して政治を行なうという島津斉彬の精神をしっかりと受け継ぎ、斉彬の意志を実行しました。その結果、廃藩置県が行なわれ、天皇を中心とする中央集権制が確立されたのです。

また、諸外国の圧力から日本を守るために、富国強兵をめざして、大久保利通によって殖産興業に力が注がれました。日本の文明を高めれば、人間は豊かな心で暮らすことができ、人々が互いに和合し、自然と国が富んでくるという島津斉彬の精神がここにも息づいています。

島津斉彬の多大なる感化を受けて西郷隆盛の人生観は確立された

島津斉彬は、その当時身分が低かった西郷隆盛の才能と、情熱的で忠実で誠実な人柄をいち早く見出し、西郷を心から信頼し、愛情を持って育て上げました。西郷は、島津斉彬から宇宙の真理や世界のあらゆる情報、世界における日本の立場などを詳細にわたって薫陶され、島津氏の多大なる影響を受けました。いってみれば、島津斉彬によって西郷の人生観は確立されたのです。

西郷は、宇宙の偉大なる真理を遺訓として後世に遺しました。それが「敬天愛人」です。一般的な解釈では、人を愛し、天を敬うですが、宇宙の真理に沿った解釈では、人は愛を持って天を敬うということです。つまり、人類は創造主がつくられた宇宙を愛を持って仰ぎ見るならば、そこには創造主の存在を感じ、宇宙に畏敬の念を抱くであろう、そして、宇宙には偉大な宇宙の真理があることを人類は知るであろうということです。

隠された日本の真実がわかれば、宇宙の真理の封印が解かれる

日本を象徴化したものや記号化されたものを通して、隠された宇宙の真実、

つまり真実の日本の姿を理解することによって、宇宙の真理の封印が紐解かれる仕組みになっています。

今までは宇宙の真実が隠蔽されてきましたが、21世紀を迎え、「創造主の到来の時代」となり、すべての事実が人類の前に明かされます。それは、地球がフォトンベルトに近づくに従って、地球人類の次元が上昇していくからです。

次第に高まりつつある次元に人類の意識がついていけないとき、自然災害、天変地異、事故や災難などによる人類の大量死が起こってきます。

今、地球人類に一番必要とされているのは、人類を創造した創造主イエス・キリストを知り、宇宙の法則に沿って生き、自分の意識を高めることです。

高度に進化した宇宙人の血脈を持つ日本人のDNA（遺伝子）構造は、他の民族と全く違います。そのDNA（遺伝子）には、創造主を思い起こす特別な遺伝子が存在しているのです。

古代イスラエル民族がとても大切にしていた「モーセの契約の箱」も、日本に来ています。まもなく、その「モーセの契約の箱」が人類の前に出現するでしょう。そのときこそ、地球人類は創造主を思い起こし、創造主の偉大さを認識するようになります。その後、創造主が地球に再来（千年王国の到来）して、宇宙文明が復興することになるでしょう。

エピローグ

今、人類は聖書の「黙示録」の最終章に突入している

今、地球は聖書の「黙示録」の最終章に突入しています。人類に残されている時間は、あとわずかとなりました。なぜなら、2012年に地球がフォトンベルトに突入し、「時間」を基本軸に動いていた地球の文明は終焉《しゅうえん》を迎え、「時間」という単位はすべてなくなり、人智を遥かに超えた創造主を中心とした新しい文明が始まるからです。

しかし、その新しい文明を迎えることができるのは、この地球上で極々わずかな人たちだけです。新しい文明の始まりまでに、この地球の次元の上昇に伴

って地球の大浄化が行なわれます。それは、人類がかつてないほどの苦しみを味わう大艱難時代を迎えるということにほかなりません。

日本人の危機

現代の日本人は、人間性を喪失しつつあり、骨抜きにされつつあります。第二次世界大戦後、アメリカのＧＨＱ政策以降、日本人が古来より持っていた仁、徳、義理、礼節を失いつつあるからです。

それまでの日本人は、男性は真の男らしさと、日本という国を支え、守るための勇気と情熱を兼ね備えていました。そして、女性もそれらの日本男児を生み育て、支える内助の功と良識、また礼節と奥ゆかしさを具《そな》え持っていました。

しかし、戦後の日本人の在り方、つまり日本人の精神性の堕落は目に余るものがあります。これらは、日本人がアメリカ文化を模倣したことによるものです。

現在、アメリカには、世界を牛耳り、世界を自由に支配しようと考えているフリーメーソンなどの地下政府組織の本部が存在します。その地下政府組織に協力している数名の日本の国会議員がいます。郵政の民営化も、日本の郵便貯金を海外に流出させ、外貨を増やし、フリーメーソンの財源とすることが目的です。そして、その外貨はすべてイスラエル国に送金されます。イスラエル国といっても、本当のユダヤ人たちが建設した国ではありません。偽のユダヤ人が構築したもので、世界中の外貨を掻き集め、世界を支配しようと企んでいるのです。

偽のユダヤ人、つまり地下政府組織によって、やがて近いうちに日本の経済は大きな破綻をきたし、あらゆる企業が倒産し、もはや企業はこれ以上生き残りができない時代を迎えます。日本の経済は根絶やしにされるでしょう。彼らは、ITやマスメディアを通して、様々な手段を用いて、日本人の精神性、人間性を堕落させようと企んでいるのです。

今や、精神的に堕落しつつある日本では、宇宙の真理を知らず、また本当の生き方を知らないために、年々自殺者が増加し、命の尊さを知らないために、陰惨な暴力事件や殺人事件が頻発しています。

太陽信仰の国「日本」

日本人は、古代より「太陽神」を崇拝する太陽信仰の国でした。本来、日本は「日の元」、つまり世界にあまねく光を照らす太陽です。そのことが、「日の丸」という日本の国旗に象徴されているのです。太陽の光がなくてはこの地球人類一切のものが存続することができないほど、太陽の存在は重要です。

古代より、日本は世界の文明の発祥の地であり、世界の中心でした。日本の国土全体の地形は、一つの「龍体」を表わしていて、世界の雛形《ひながた》となっています。龍は、神の使いを表わしています。日本は、地球上で唯一宇宙からの創造主の光の波動が入るところであり、日本から世界中に向けてその光が発信されます。日本という国の存在は、地球的規模で非常に偉大で、貴重なのです。

また、「日の丸」の太陽は「イエス・キリスト」を象徴しています。日本では、古来より「天照大神」と言われてきましたが、「天照大神」とは「太陽神」のことで、「太陽神」とは宇宙万物を創生した「創造主」であり、「イエス・キリスト」を指しているのです。

この偉大なる宇宙の真実を、多くの日本人が知りません。その事実が、日本人にはずっと隠蔽され続けていたのです。日本以外の諸外国の人々は、聖書が人生の基盤であり、思考や思想の中心であり、聖書を中心とした生き方、つまり「イエス・キリスト」を主とした生き方をしています。

しかし、日本人だけがいまだに聖書に精通していない人が多く、「イエス・キリスト」を、キリスト教の教主という宗教的偏見の枠内でしか捉えることができません。「イエス・キリスト」は、宗教の教主ではありません。宇宙万物を創造した創造主です。「イエス・キリスト」を知らなければ、そして、「イエス・キリスト」が説いた「宇宙の真理」を知らなければ、これからの時代を生き抜くことは絶対に不可能なのです。

皇室の真髄を知れば宇宙の真理がわかる

宇宙万物を創造した創造主の直系の子孫は、天皇家であり、その皇室の歴史は2千6百年以上にわたるもので、世界で最も長く続いています。このことは、とても稀なことであり、他に類を見ません。この永代にわたって存続する皇室の活動を妨げる者は、創造主を敵に回し、創造主に喧嘩を仕掛けるようなものです。それほど、皇室の存在は地球人類にとって貴重なものです。

昔から、日本は「ジパング」、つまり「黄金の国」として世界中の憧憬を集めていましたが、その理由は、日本の皇室には古代から宇宙の真理に関する聖典が存在していたからです。ですから、その宇宙の真理を求めて、徐福やフランシスコ・ザビエルやシーボルトなどが日本を来訪したのです。表向きは、不老長寿の薬を求めてとか、キリスト教を伝来する、またオランダ医学を伝授するという目的でしたが、実は宇宙の真理に関する知識を日本から得ることが最大の目的でした。

日本人のＤＮＡ（遺伝子）は、他の民族とは全く違ったＤＮＡ（遺伝子）であり、宇宙の真理を知ることによって、日本人の意識は大きく進化覚醒していきます。そして、再び日本が世界の中心となり、世界を統括してゆきます。聖書にはそのことが書かれてあり、聖書を聖典とし、聖書を中心にして物事を考える民族の人たちは、日本に関する預言が成就すると心から信じています。

フォトンベルトと創造主

21世紀に突入し、人類は物質文明から精神文明へと大きな移り変わりの時期を迎えました。この太陽系は、2万6千年ごとにフォトンベルトに突入し、2千年かけて通過しますが、2012年には、太陽系の惑星が7度目にフォトンベルトへと突入することになります。

なぜ宇宙にフォトンベルトが存在するかというと、それは、創造主の宇宙に存在するあらゆる万物に対しての深い愛と慈愛からです。つまり、フォトンベルトは地球人類の意識の進化向上を目的に宇宙につくられた偉大な光のシステムなのです。

創造主の光が増すにつれ、地球の大浄化と地球人類の意識がゆるやかに三次元から五次元へとシフトアップします。それに伴って、大きな意識の進化向上、つまりアセンションが起きるような仕組みになっています。

地球がフォトンベルトに近づき、フォトンエネルギーが高まるにつれて地球温暖化も加速され、地球は全体的に温暖化しています。また、地球上のバイブレーション（振動数）も高まりますが、地球に住む人類の意識レベルが低いために、次第に高まりつつある地球のバイブレーションに対応できず、結果、地球はバランスをとれずに不安定な状態となり、生態系の変化、異常気象、天変地異が多発するようになります。

これらは、すべて人類の悪想念でよごれた地球を清めるための地球大浄化でもあるのですが、とにかく人類の意識レベルを高めることが必須であり、今の人類にとってとても重要な課題です。

また、フォトンエネルギーが高まるにつれて、創造主の光が増していきますので、人類一人ひとりが、それに対応できるように積極的に意識を高め、バイブレーションを引き上げなければ、高まりつつあるフォトンエネルギーに対応できません。

安穏で平和な暮らしの中では、人類の意識は決して進化しません。悲しみ、苦しみ、辛い境地に立たされてこそはじめて進化するのです。ですから、今地球上に起こっている災難、困難も、人類の意識を進化させるためには必要な現象なのです。

今こそ人類は、自己を振り返り、自分たちの内面に住み、命の息を与え、生かして下さっている創造主とつながり、困難や絶望や破滅から救ってもらえるのは創造主しかいないことを知り、創造主以外に頼るべきものはないことをはっきりと認識することです。そうしてこそ、はじめて創造主と一体化するのです。その時、物質中心主義に浸りきった人類が同胞への愛を失い、偽善と利己主義の中に生きてきたこと、つまり宇宙の法則にそって正しく生きてなかったことが原因となって、このような地球規模の大自然災害などによる災難や大惨事による大量死を引き起こす結果になったことを、深く反省するようになるのです。

自己の意識を高めることが先決

意識を高めること（アセンション）は、人類が考えている以上に困難なものです。人類は、いまだかつてない苦しみ、大艱難時代を乗り越えなければ本当のアセンションができない仕組みになっています。

その大艱難時代を乗り越えた人類は、地球に構築された「創造主の時代」の象徴である「千年王国」に入ることができます。ただし、千年王国に入る前に、この地球は火の海となり、とても地球に居住できるような環境ではなくなるので、ＵＦＯが地上に降りて来て、ある一定以上のレベルに意識が進化した人類のみ引き上げられ、一時的に他の惑星に避難させられます。

これからの時代を生き抜くためには、自分の意識の進化覚醒が大切です。自分の意識を向上させるためには、宇宙の真理を知ることが先決ですが、その宇宙の真理を学ぶためには、聖書を読むことが不可欠です。

聖書は、創造主の言葉、つまり「光」によってつくられており、「宇宙の書」「光の書」とも言われています。従って、聖書を読むことによって、この地上の知識ではなく、創造主の叡智を得ることができ、あらゆる物事の奥に隠された真髄を見抜く目、つまり洞察力が養われます。

イエス・キリストの生き方の中にこそ、すべての宇宙の真理が説かれていまず。創造主、イエス・キリストこそ「宇宙の法則」に完璧に沿って生きた方です。イエス・キリストの生き方は、人類の生きる手本そのものです。

自分の意識の進化覚醒が重要であるとともに、宇宙万物を創造した創造主、イエス・キリストを知ることです。創造主とつながりを持ち、一体となると、創造主の光が人間の細胞内に浸透します。日頃、人間は、口から食べる物質的な物ばかりを取り入れることしかしないので、人間の意識体にはまったく光がありません。創造主と人間が離れてしまっているので、創造主の光を取り入れることができないのです。

人間は創造主の光によって創造されたので、もともと細胞内にフォトン

(Photon＝光子) が存在していて、光を発する存在です。創造主からの光を積極的に取り入れることによって、体内の細胞のフォトンが充電され、ＤＮＡ(遺伝子) が活性化し、人間は健康で幸せで長生きできるのです。

高まりゆく地球の波動によって地球の動きが加速され、時間の速度が速くなり、1日が24時間ではなく、20時間くらいに加速されています。また、今までの低い地球の波動のもの、つまり物質世界の汚点、たとえば腐敗した政治経済の隠された部分が表面化し、虚構のもの、偽りのものなど、隠されたものはすべて表に出されていくことでしょう。そして、真実のものだけが残されていく世界となります。

今こそ人類が覚醒し、自分の意識を高める最後のチャンスです。人類に与えられた最良のチャンスを逃せば、これからの時代を生き残ることは絶対に不可能です。人類の人智を超えて、この地球は大きく移り変わろうとしています。その移り変わりについてゆけるような意識の変革をするために、今、人類一人ひとりが最善の努力をする必要性に迫られているのです。

この地球上の一人でも多くの人々が、創造主を知り、意識を高められ、愛と光に満ちた「千年王国」に入ることができますように、心から願って止みません。

著者プロフィール

福元 ヨリ子（ふくもと よりこ）

1930年、鹿児島県の甑島に生まれる。

幼い頃より宇宙の異次元世界に興味を持ち、神戸在住の頃、英会話の勉強を通してアメリカ人宣教師と出会い、アメリカ合衆国36ヶ州を訪問する。

54歳の時、心臓手術を通して「創造主」と出会うという奇跡的な体験をし、その後フィリピンの心霊手術などを通して、スピリチュアルな世界への探究を深めていった。

低迷化する地球人類の意識の向上のため、また、人類が「創造主」と真につながって「宇宙意識」へと覚醒するために、東洋医学を通じて「創造主」の名を世界中に波及させようと、日夜活動を続けている。

http://toyoigaku.jp

フォトンベルト～地球第七周期の終わり

2007年2月21日　初版第1刷発行
2021年12月21日　初版第5刷発行

著　者　福元 ヨリ子
編　者　福本 佑弥
発行者　韮澤 潤一郎
発行所　株式会社 たま出版
〒160-0004 東京都新宿区四谷4－28－20
☎ 03-5369-3051（代表）
http://tamabook.com
振替　00130-5-94804

印刷所　株式会社エーヴィスシステムズ

ISBN978-4-8127-0231-4 C0011